Edles vom Fass

Cognac X.O.
40% Vol.

Hans Peter Fink

Edles vom Fass

50 feine Rezepte mit Essig & Öl

Mit Fotos von Kurt-Michael Westermann

edition styria

Inhalt

Braten & Grillen 99

Fisch, Risottos & Co 123

Die süßen Seiten 147

Register 164

An apple a day keeps the doctor away – diese englische Redewendung möchte ich im vorliegenden Band um zwei Komponenten erweitern, nämlich um Essig und Öl, die Basis-Produkte jeder Regionalküche weltweit. Die beiden seit der Antike bekannten Lebensmittel sind mehr als Geschmacksverstärker und schickes Beiwerk der heutigen Gourmetküchen, sind sie doch an der Erhaltung unserer Gesundheit wesentlich beteiligt.

Ich möchte Ihnen, liebe Leserin, lieber Leser, hier vor allem Tipps und Küchengeheimnisse rund um die Kreativküche verraten. Meine Rezepte sind leicht nachzukochen, gesund und bekömmlich und werden Sie als raffinierte Kochkünstlerin und -künstler gelten lassen. Lassen Sie sich entführen in die Welt rund um exquisite Fruchtessig-Balsame wie Quitten-, Gewürzdattel-, Kirsch- oder Calamansi-Balsam. Bereichern Sie Ihre Speisen durch den Einsatz von Olivenölen extra nativ, pur oder aromatisch angereichert mit Basilikum, Steinpilzen, Limonen oder Rosmarin. Erfahren Sie mehr über Kürbiskern-, Mandel-, Raps- oder Agranöl und deren Kombinationsvarianten mit den unterschiedlichen Essigsorten oder Essig-Balsam-Angeboten.

Die von mir getroffene Auswahl aus meinen Lieblingsrezepten reicht von raffinierten Marinaden, verschiedenen Dressings, knackig frischen Gartensalaten zu Grillmarinaden und Tipps für einen gelungenen Grillabend, über Fischspezialitäten und geschmackvolle Teigwaren bis zur Verwendung von Essig und Öl auch in der Dessertküche.

Ich wünsche Ihnen gutes Gelingen, viel Freude beim Nachkochen und ein genussreiches Blättern in den folgenden Seiten.

Hans Peter Fink

Essig und Öl machen alle Ärzte der Welt arbeitslos.

Kleine Fibel vom Essig und vom Öl

vom FASS

Gemeinsam mit meiner Frau produziere ich seit einem guten Dutzend von Jahren hochwertige Delikatessen in reiner Handarbeit aus dem besten Obst und Gemüse der Region. Bei so viel Natur im Glas versteht es sich von selbst, dass wir ganz ohne Farb- und Konservierungsstoffe arbeiten, und das schmeckt man auch. Nach traditionellen, oft in Vergessenheit geratenen Rezepten fertigen wir unsere eingelegten Köstlichkeiten wie Kürbispesto, Vogelbeeren, Steinpilze, schwarze Nüsse, Wildapfel, Essigzwetschgen, Marmeladen und vieles andere mehr, wobei der Schwerpunkt vor allem auf erstklassigen Produkten mit steirischer Tradition liegt. Einige Delikatessen, wie im Fall der Chutneys, werden auch nach kreativen, innovativen Rezepten gefertigt. Dabei arbeiten wir bevorzugt mit solchen Produzenten zusammen, die eine nachhaltige Landwirtschaft garantieren. Unsere Produkte stehen zum Verkauf vor Ort, aber auch im Internet, und selbstverständlich verwenden wir sie auch selbst, um unsere Gäste im Restaurant damit zu verwöhnen.

Sauer macht gut

Ich bin ein Kind der 1970er Jahre, und als damals der Essig einen regelrechten Siegeszug in die Gourmetküchen antrat, war es nicht weiter verwunderlich, dass sich schon meine Eltern der langen Tradition des richtigen Einsatzes besonderer Essigsorten schnell bewusst wurden. Als reines Naturprodukt und exzellente Geschmacksveredelung setze ich nun auch in meiner Küche Essig als universelles Allroundtalent ein: Als dezenter Begleiter von Aperitifs und Hors d'œuvres, über Vorspeisen, Hauptgang, Salate und Soßen bis hin zu Desserts und Digestifs eröffnet er eine große Vielfalt an Variationsmöglichkeiten und bereichert jedes Gericht mit stets neuen, raffinierten Geschmackserlebnissen.

Essig konserviert – nicht nur Gemüse, auch die Schönheit.

Sein Geheimnis liegt in der aromatischen Wirkung, die den Eigengeschmack von Fisch und Fleisch unterstreicht und geschmacksarmen Beilagen eine pikant-saure Würze verleiht. Bei Salaten erweckt er die Aromen der Blätter und Kräuter zum Leben, bei Gemüse hält er Farben und Vitamine frisch. Essig ist zudem eines der ältesten Medikamente der Menschheitsgeschichte. Schon in den frühesten schriftlichen Dokumenten wird er als Heilmittel genannt. Im alten China empfahl man bereits 3000 v. Chr. den Genuss von Essig, um ein hohes Lebensalter zu erreichen. Vor rund 2500 Jahren verschrieb der griechische Arzt Hippokrates Essiganwendungen bei zahlreichen inneren und äußeren Krankheiten. Dabei erzählt sich die Kulturgeschichte des Essigs als wirkungsvolle Verknüpfung zwischen Zufall und Empirie, denn überall dort, wo alkoholhaltige Flüssigkeit mit Luft in Berührung kam, entstand schon immer die saure Essenz. Bis in die Neuzeit allerdings blieb der genaue Vorgang unbekannt.

Erst im ausgehenden 18. Jahrhundert wiesen die Chemiker Antoine Laurent de Lavoisier und Jean Antoine Chaptal nach, dass Essigsäure durch Oxydation entsteht. Fünfzig Jahre später erkannte der Apotheker und Botaniker Friedrich Traugott Kützing beim Umwandlungsprozess den wesentlichen Beitrag von Kleinstlebewesen. Louis Pasteur erbrachte schließlich in den 1860er Jahren den Beweis, dass die in der Luft befindlichen Bakterien die Transformation von Alkohol zu Essig vollbringen und gleichzeitig andere Mikroorganismen abwehren. Das Wissen, dass Essig viele Jahrhunderte lang eines der wirksamsten Desinfektionsmittel und eines der vielseitigsten Arzneimittel war, geriet mit dem Durchbruch der pharmazeutischen Industrie in Vergessenheit. Erst mit der Rückbesinnung auf alternative Heilmethoden fanden diese positiven Eigenschaften wieder das Interesse vieler gesundheitsbewusster Personen. Essig ist ein universell einsetzbares, kostengünstiges und belebendes Gesundheitselixier, das heute in jeder Hausapotheke stehen sollte. So lindern Wickel mit Essig Schwellungen bei Prellungen und den Juckreiz nach einem Mückenstich.

Ich empfehle eine Mundspülung mit Essigwasser (3 EL Essig auf ein Glas) als gutes Mittel gegen Zahnfleischbluten, Mundgeruch und Zahnstein. Apfelessig wiederum enthält alle wertvollen Mineralstoffe des Apfels, vor allem Kalium, weshalb ein kleiner Schuss Essig nicht nur Verdauung und Kreislauf anregt, sondern auch hilft, die sogenannten „Rettungsringe" an den Hüften zum Verschwinden zu bringen: Ein täglich genossener Apfelessig-Trunk an jedem Morgen vor dem Frühstück schont zusätzlich den Magen für die kommenden Stunden.

Über die Essigmutter

Die Basis für jeden Essig ist eine alkoholhaltige Flüssigkeit, und jeder kann aus einer geöffneten Flasche Wein selbst Essig erzeugen: Warten Sie, bis an der Oberfläche eine geleeartige Masse schwimmt, die sogenannte „Essigmutter", und Sie sind Zeuge einer biologischen Gärung geworden, denn die in der Luft befindlichen Essigbakterien haben sich – wie bereits erwähnt – auf der Flüssigkeit abgesetzt und den Alkohol in Essigsäure umgewandelt.

Bei der professionellen Essigherstellung erfolgt die Gärung kontrolliert in großen Bottichen mit ganz speziellen Essigkulturen. Diese biologische Säuerung (Essigsäuregärung) ist die Grundlage der Essigherstellung. Wein wird zu Weinessig, Most

zu Obstessig vergoren. Wie junger Wein muss auch der Essig dann in Holzfässern bis zu einem Jahr lang reifen. Danach wird er gefiltert und durch Kräuter, Zitrone und dergleichen verfeinert oder typisiert. Der Säuregehalt muss mindestens fünf bis acht Prozent (je nach Sorte) betragen. Lagern Sie Weinessig dunkel und kühl, dann behält er sein Aroma und wird nicht trüb. Keinesfalls dürfen Sie Essig in Metallgefäßen lagern, denn dann würden sich giftige Salze im Essig bilden.

Balsam auf der Zunge

Vor einigen Jahren hat der Aceto Balsamico di Modena Tradizionale, eine italienische Spezialität, auch in unseren mitteleuropäischen Küchen Einzug gehalten. Der dunkelbraune Essig ist äußerst mild, mit angenehmem Geschmack. Es handelt sich dabei um einen sehr edlen, alten Weinessig, der auch heute noch nach streng gehüteten Rezepturen hergestellt wird. Er wird nicht aus fertig ausgegorenem Wein, sondern aus eingekochtem Traubenmost hergestellt und hauptsächlich aus Trauben der Rebsorte Trebbino hergestellt. Wichtig für die Güte des Tradizionale ist der Zucker- und Extraktgehalt. Schon im Weingarten wird darauf geachtet, denn die Trauben werden erst sehr spät gelesen. Durch das Einkochen des Mostes noch vor Gärbeginn wird der Zuckergehalt schließlich auf mindestens 30 Prozent angehoben. Das Mostkonzentrat wird über den Winter in Glasballons gelagert, um sich auf natürliche Weise klären zu können. Ungefähr sechs Monate später wird es dann in Fässer umgefüllt, die Alkohol- und Essigsäuregärung setzt ein. Der Most wird in den folgenden Jahren in bis zu 12 immer kleiner werdenden Fässern unterschiedlicher Holzsorten gelagert. Dieser Essig unterliegt dabei einem langsamen Reifungs-

Essig-Balsam – der süße Helfer in der Gourmet-Küche.

prozess, wird immer stärker konzentriert und bekommt damit sein einzigartiges Aroma. Aus 100 Kilogramm Trauben werden so rund drei Liter Balsamico Tradizionale erzeugt.
Die Bezeichnung „Aceto Balsamico" ist nicht geschützt, daher sollten Sie die in Supermärkten angebotenen Essige genau prüfen. Schlichter, minderwertiger Balsamico ist oft nur gesüßter, aromatisierter Weinessig. Wenn Sie qualitätsbewusst einkaufen wollen, greifen Sie zu „Aceto Balsamico di Modena Tradizionale" oder „Aceto Balsamico di Modena IGP", denn nur ein solch ausgezeichneter Essig, der aus der italienischen Provinz Modena stammt, ist kulinarisch hochwertig.

Das besondere Geschmackserlebnis

Für mich sind die Essig-Balsame die wahren Gesundmacher, weil sie zugleich Balsam für den Gaumen wie für die Seele sind. Vor allem dann, wenn nachhaltig gearbeitet wird. Und ich spreche nicht nur von Balsamen aus Weinessig wie dem zuvor beschriebenen Tradizionale, sondern auch von Fruchtessig-Balsam. Der Geschmack wird auch hier durch ein besonderes Herstellungsverfahren erzielt, wobei für eine hohe Qualität die Früchte handverlesen sein sollten. Die ausgewählten Früchte werden zu Most gepresst und schonend, unter ständiger Kontrolle durch Spezialisten mit Reinzuchthefen zu reinen, ungeschwefelten Fruchtweinen vergoren. Auch die natürliche Fermentation (oder auch zweite Gärung) der vollständig naturbelassenen Fruchtweine zu Fruchtessig ist ein Prozess, der etwas Zeit braucht, aber auch moderne Technik, um optimale Bedingungen für die auf den jeweiligen Fruchtwein selektierten Essigsäurebakterien zu schaffen. Unter anderem sorgt eine konstante Temperatur, eine gleichmäßige Luftversorgung und

der Edelstahlfermenter („Acetator") für reintönige Fruchtessige mit schonender Erhaltung der fruchteigenen Aromen.
Ich hatte die Gelegenheit, die ADRIAN Essigmanufaktur in Waldburg im Bodenseeraum zu besuchen, wo die Fässer mit Spezialitäten wie dem Honig- oder Apfelbalsam nicht im Keller, sondern in einer luftigen Scheune mitten auf der Wiese stehen. Die ausgesuchten Fässer der Essig-Balsame sind auf diese Weise tagein, tagaus der Witterung ausgesetzt. Das bedeutet, dass der Balsam mit den Jahreszeiten arbeitet, also im Winter in eine Art Winterschlaf fällt, im Sommer sich aber aufgrund der hohen Temperaturen mit dem Verdampfen der Flüssigkeit durch die Poren des Holzes das Beste des Balsams immer stärker in der verbleibenden Flüssigkeit konzentriert. Das Volumen vermindert sich von Jahr zu Jahr, und der Balsam wird immer reichhaltiger. Durch dieses spezielle Herstellungsverfahren entstehen nach hauseigener Rezeptur die ADRIAN Balsam-Essigspezialitäten aus Waldburg von höchster Komplexität mit ganz eigener Duftnote. Kaufen kann man diese ganz besonderen Essenzen unter anderem bei VOM FASS, für die die ADRIAN-Manufaktur exklusive Produkte erzeugt. VOM FASS, das sind spezielle Franchise-Geschäfte, zu deren Firmenphilosophie die Erkenntnis gehört, dass Menschen bevorzugt dort einkaufen, wo sie sich wohlfühlen und wo man sie persönlich und zuvorkommend behandelt. Dabei werden alle Produkte offen – vom Fass eben – angeboten, die vor dem Kauf auch verkostet werden können. Alle ADRIAN-Essigspezialitäten werden einer strengen Qualitätsprüfung unterzogen und sind Dank höchster Güte ein Geschmackserlebnis, das mich so sehr begeistert, dass ich ganz eigene Kreationen für die so reiche Produktpalette im Rezeptteil dieses Buches zusammengestellt habe.

Mit Liebe hergestellte Essige sind am Geschmack erkennbar.

Der Küchenchef empfiehlt

Hier ein Teil jener Erzeugnisse, die ich bevorzugt verwende:

- **Aceto Balsamico di Modena I. G. P. Specialità di Maletti** hat 6 % Säure und ist mit einer unvergleichlichen Aromadichte versehen. Er kommt nach einer langen Reifung aus Barriquefässern, in denen schon große Rotweine reiften. Sehr sparsam zu verwenden für Salate und Tomaten mit Mozzarella, aber auch für Süßspeisen und zum Marinieren von Obst und Fleisch.
- **Apfelessig** enthält 5 % Säure und ist nicht nur eine milde Würze, sondern auch ein vielseitiges Hausmittel. Grundlage für die naturtrübe Essenz ist der aromatische Saft aus Äpfeln von Streuobstwiesen, der zu Apfelwein und schließlich zu Apfelessig weiterveredelt wird.
- **Balsam Apfel** im Eichenfass gereift enthält 5 % Säure und wird aus reifen, knackigen Äpfeln hergestellt, denen auf schonende und natürliche Weise das Wasser entzogen wurde. Geeignet für Soßen und Marinaden, zu vielen Fleisch- und Kohlgerichten, für Kraut- oder Möhrensalat und viele andere Rohkostsalate.
- **Balsam Birne:** Birnenessig und Birnensaft werden zu hochwertigem Essig-Balsam nach jeweils hauseigener Rezeptur ohne Zusätze veredelt und enthält 7 % Säure. Qualitätvolle Produkte sollten aus Früchten hergestellt werden, die überwiegend aus dem Streuobstbau stammen. Für frische Blattsalate und zum Abschmecken für Obstsalate und für Soßen ebenso geeignet wie für geschmackvolle Marinaden und Dips.
- **Balsam Calamansi** enthält 7 % Säure und wird aus dem Saft einer limettenähnlichen Frucht, der Calamansi, gewonnen, die auf den Philippinen angebaut, aus fairem Handel erworben und mit Branntweinessig und Rohrzucker aus Paraguay verfeinert wird. Herbsäuerlich im Geschmack mit Anklängen von Minze eignet

sich dieser exotische Balsam nicht nur für Salatdressings und Soßen, sondern auch als Aperitif.

- **Balsam Himbeere:** Das Besondere am Geschmack der Himbeere ist ihre fruchtige, ins Süßliche gehende Säure. Der Balsam mit einer 6 %igen Säure eignet sich daher nicht nur für Blattsalate, Soßen und zu Fleischgerichten, sondern auch in der süßen Küche und als alkoholfreier Aperitif.
- **Balsam Kirsche** (6 % Säure) ist von dunkelroter Farbe und hat die feinfruchtigen Noten der Sauerkirsche. Die Noten am Gaumen sind intensiv fruchtig mit typischer Säure und angenehmer Süße. Diese fruchtig-saure Kreation eignet sich besonders gut als Aperitif, pur oder mit kaltem Mineralwasser.
- **Balsam Mango** enthält 6 % Säure und wird aus gesunden und reifen Mangos der Sorte „Carabo" zu einer Mousse verarbeitet. Die Frucht kommt von der philippinischen Insel Cebu aus fairem Handel und die hochwertige Fruchtmousse ist der ideale Begleiter für knackige Salate, schmeckt hervorragend zu Gerichten mit Geflügel und ist zum Abrunden von Wok-Gerichten besonders geeignet, aber auch als Erfrischungsgetränk mit Mineralwasser (knapp 1/5 in ein Glas geben und mit Mineralwasser auffüllen) überzeugt dieser Balsam.
- **Bordeaux-Rotweinessig** (7 % Säure): Abgelagerte Rotweine aus dem Bordeaux kommen durch einen traditionellen Alterungsprozess in Eichenfässern zu besonderen Ehren. Sie sind die Basis für einen herrlichen Essig, der Fleischsoßen oder Salate mit Fleisch vorzüglich unterstreicht. Mit einem reinen, ursprünglichen Geschmack.
- **Sherryessig Reserva** enthält 7,5 % Säure und stammt aus dem südspanischen Jerez. Die Herstellung dieser Essigspezialität unterliegt dem sogenannten Solera-Verfahren. Hier wird vom jungen Essig regelmäßig eine kleine Menge abgezapft und

durch den Sherryessig des vorangegangenen Jahres ersetzt. Die Fehlmenge jedes Fasses wird mit einer kleinen Menge aus dem nächstjüngeren Fass ausgeglichen. Ganz gemächlich erhält der Reserva so einen schönen, warmen Kastanienton und wächst zu seinem unvergleichlich kräftigen, vollreifen und würzigen Geschmack heran. Die Delikatesse krönt Wild oder Sauerbraten schon beim Beizen und passt zum Abschmecken und Abrunden hervorragend zu dunklen Soßen, Linsen, Leber oder Fischmarinaden.

- **Star Apfel** mit 4 % Säure wird durch Reifung in Eichenfässern veredelt und besticht mit konzentrierten Fruchtaromen, sämiger Konsistenz und einer angenehmen Säure.
- **Vollwürz-Kräuteressig:** Dieser Essig mit einer 5 %igen Säure hat ein besonders zartes Aroma. Seine Grundlage sind frische Kräuter und ausgesuchte Gewürze, die einen zünftigen Genuss garantieren. Er eignet sich daher besonders gut für Wurst- und Käsesalate, aber auch viele Blattsalate laufen erst mit einem würzigen Essig zur Brotzeit-Hochform auf.
- **Waldhimbeeressig** enthält 6 % Säure und viel Vitamin C. Bei diesem Produkt handelt es sich um Obstessig aus reinem Waldhimbeerwein aus vollreifen Früchten. Diese seit dem frühen Mittelalter als Kulturpflanze bekannte Beere, veredelt als Essig jede Rohkost mit einem unvergleichlichen Aroma, rundet Obstsalate ab und gibt Marinaden einen eigenen herben Geschmack.
- **Weißweinessig** aus dem Gebiet Champagne-Ardenne enthält 7 % Säure. Die Grundlage für diese Essig-Spezialität sind die Trauben aus Reims. Der Ort in der Champagne-Region ist aber nicht nur für den nach ihr benannten Schaumwein berühmt, sondern auch für seinen wertvollen Essig. Alle Salate, feinste Soßen und viele Speisen, die man würzen möchte, werden mit diesem Weißweinessig schlichtweg veredelt.

Pflanzenöl – Das gesunde Fett

Zum Kochen, Garen und Verfeinern meiner Gerichte verwende ich vornehmlich pflanzliche Fette, denn gesättigte Fettsäuren, wie sie in tierischen Fetten sowie im Palm- und Kokosfett enthalten sind, fördern die Kalkablagerung in den Blutgefäßen – es kommt zur gefürchteten Arteriosklerose. Die Folge sind Durchblutungsstörungen an den dadurch verengten Gefäßstellen und ein erhöhtes Infarktrisiko.

Doch ganz auf Fett zu verzichten ist ebenso ungesund, denn der Körper benötigt es für die Aufnahme der fettlöslichen, lebenswichtigen Vitamine A, D, E und K. Fett ist auch wichtig für die Verdauung, und um die dafür notwendigen Gallensalze zu unterstützen, sowie allgemein zur Energiegewinnung und als Energiedepot für den Körper.

Nur wenige Öle eignen sich als Allrounder, weshalb ich in meiner Küche für alle Anwendungen unterschiedliche Ölsorten verwende. Als Steirer muss ich natürlich das Kürbiskernöl besonders hervorheben. Dabei handelt es sich um ein aus den gerösteten Kernen einer lokalen Sorte des Gartenkürbisses, des steirischen Ölkürbisses, hergestelltes Pflanzenöl, das als Steirisches Kürbiskernöl g.g.A. eine anerkannte Herkunftsbezeichnung mit Regionenschutz hat. Doch wenn ich auch gern Kürbiskernöl verwende, so sind doch alle feinen Öle eine wichtige Grundlage für ein gesundes Essen, zumal das „Schwarze Öl" nicht zum Erhitzen geeignet ist.

Die Bezeichnung „Öl" geht übrigens auf den altgriechischen Begriff „elaion" (lat. oleum) zurück, mit dem man das aus den Früchten des Ölbaums gewonnene Fett bezeichnete. Die Bedürfnislosigkeit und Beständigkeit des Ölbaums ließ ihn zum Begleiter aller frühen mediterranen Kulturen werden. So finden

Elaion – seit der Antike heilig gehaltenes pflanzliches Fett.

wir im Alten Testament eine Anleitung für Tempelopfer, worin ausdrücklich Fladenbrote aus „Öl von zerstoßenen Oliven und Feinmehl" (2 Mos. 29, 38-4) vorgeschrieben waren. Und der Olive begegnet man, wie sonst nur noch der Weintraube, durch fast viertausend Jahre Religionsgeschichte. Schon die Taube, die das Ende der Sintflut ankündigt, hält ein Olivenzweiglein im Schnabel. Und nicht zufällig beginnt auch die Passion Christi am Ölberg und endet, wie die Überlieferung wissen will, auf einem Kreuz aus Olivenholz.

Aber auch andere Ölpflanzen wurden schon von alters her zur Fettgewinnung herangezogen: So finden in beinahe 5000 Jahre alten chinesischen Schriften die ölhaltigen Samen der Sojasträucher Erwähnung, und auch in Schweizer Pfahlbauten aus derselben Zeitepoche lassen Mohnsamenfunde auf die Nutzung dieser Pflanze zur Ölgewinnung schließen.

Da in den letzten Jahrzehnten von der medizinischen Forschung immer wieder unterschiedliche Aussagen über die Cholesterine, also die Blutfette und ihre gesundheitsgefährdende Wirkung gemacht wurden, ist beim Konsumenten einerseits Misstrauen und andererseits unnötige Überängstlichkeit entstanden. Daher möchte ich hier kurz festhalten, was bei der Verwendung von Ölen vorweg zu beachten ist.

Wenn von Speiseöl die Rede ist, so handelt es sich um organische Öle, die sich von anderen organischen Fetten durch einen niedrigen Schmelzpunkt unterscheiden, der sich aus den im Molekül enthaltenen ungesättigten Bindungen ergibt. Dabei gilt die Formel: Je höher der Anteil an ungesättigten Fettsäuren, desto gesünder ist das Öl, und „mehrfach ungesättigt" ist ausgesprochen gut. Aber wie so oft ist die richtige Mischung das Allerbeste. So wird von Ernährungswissenschaftlern für die gesamte Menge der täglich aufgenommenen Nahrungsmittel ein ausgewogenes

Verhältnis von 30 Prozent gesättigten zu 40 Prozent einfach ungesättigten und zu 30 Prozent mehrfach ungesättigten Fettsäuren als optimal empfohlen.
Es sind vor allem ungesättigte Fettsäuren, die bei der Bildung von Gewebshormonen (Prostaglandin) zur Regulierung der Durchblutung, zur Blutdruckregulierung und zum Schutz der Gefäßwände helfen. Werden dem Körper zweifach ungesättigte Fettsäuren zugeführt, ist er in der Lage, selbst dreifach ungesättigte, lebenswichtige Fettsäuren zu bilden.
Es gilt daher die Regel, sich mit möglichst vielen, unterschiedlichen Pflanzenölen zu versorgen. Für Ihren Einkauf darf ich Ihnen daher einen einfachen Tipp geben: Gute, wertvolle Speiseöle müssen kalt gepresst sein, denn nur so bleiben die für die Gesundheit so wertvollen und wichtigen mehrfach ungesättigten Fettsäuren sowie die empfindlichen Vitamine erhalten.

Empfindliche Freunde

Leider sind die kalt gepressten Speiseöle nicht sehr lange haltbar. Nach vier bis acht Wochen ist Leinöl jenes Öl, das am schnellsten verdirbt. Je höher jedoch der Gehalt an Vitamin E (Tocopherol), desto länger ist das Öl genießbar. Weizenkeimöl hat davon einen hohen Anteil und hält deshalb beinahe zwei Jahre. Setzt man also dieses Speiseöl bis zu 20 Prozent einem anderen Öl zu, bleibt es länger verwendbar.
Leider kann ich Ihnen für die Aufbewahrung von Öl keine „Zeittabelle" anbieten, weil die Haltbarkeit je nach Ort der Lagerung und Zeitpunkt des Einkaufs variiert. Aber mit einem guten Geschmackssinn ist schon leichtes Ranzigwerden eines Öls feststellbar. In diesem Fall ist nur Leinöl zumindest zur Schuh- und Holzpflege noch verwendbar.

Die Wahl des richtigen Pflanzenöls macht den guten Koch aus.

Alle anderen Speiseöle sind ungenießbar und wertlos geworden. Für alle Öle aber gilt, sie in dunklen Flaschen an einem dunklen, kühlen Ort aufzubewahren, da die gesunden Inhaltsstoffe von Speiseölen leicht durch Lichteinwirkung zerstört werden können.
Die Hersteller geben die Haltbarkeit ihrer Öle meist als MHD (Mindesthaltbarkeitsdatum) an. Das bedeutet, dass sie ungeöffnet noch einige Wochen über diesen Zeitpunkt hinaus konsumiert werden dürfen. Es wurde mir allerdings die Geschichte von einem Koch in Norditalien zugetragen, der kalt gepresstes natives Olivenöl verwendet, das noch sein Vater vor knapp 20 Jahren gepresst hat. Allerdings lagert dieses Öl in einem Holzfass in einem wohltemperierten Weinkeller.
Doch zurück zur Zubereitung ausgewogener und wohlschmeckender Gerichte. Dafür sorgen nicht nur wir Köche mit unseren Garmethoden, sondern auch die Erzeuger der verarbeiteten Produkte. Hier setze ich die hohen Maßstäbe für einwandfreie Naturerzeugnisse: Edle Anbaugebiete, optimale Pflege der Pflanzen und Früchte, Einbeziehung natürlicher Prozesse, schonende Ernte und Verarbeitung sowie produktgerechte Lagerung sind dabei nur einige der wichtigen Faktoren. Produzenten und Händler, die sich auf die Qualitätskontrolle verstehen, sind daher Garanten für Nachhaltigkeit und hochwertige Produkte.

Was Sie noch wissen sollten

Wenn es um das Angebot von Speiseölen geht, empfehle ich die Produkte der Firma VOM FASS, denn sie garantiert fairen Handel und optimale Ausgangsprodukte. Ich gebe Ihnen hier eine kurze Übersicht über jene Pflanzenöle, die ich mit Vorzug für meine im Rezeptteil gesammelten Kochanleitungen verwende:

• **Erdnussöl** tut nicht nur den Herzkranzgefäßen gut, es enthält den Pflanzenwirkstoff Resveratrol, eine Substanz, die das Risiko von Erkrankungen der Herzkranzgefäße reduziert. Außerdem ist es reich an Folsäure, einem Vitamin, das unter anderem vor Darmkrebs schützt. Erdnussöl hat ein neutrales Aroma. Es kann bis 230 °C erhitzt werden, und es ist als Universalöl ein echter Tausendsassa in der Küche.

• **Leinsamenöl** ist ein Garant fürs Wohlbefinden und hat den höchsten Omega-3-Fettsäuren-Gehalt aller pflanzlichen Lebensmittel. Besonders erwähnenswert ist die enthaltene Alpha-Linolensäure, ein wichtiger Baustein für die Gewebe von Herz, Netzhaut und Gehirn. Leinsamenöl ist ein reines Salatöl und sollte nicht erhitzt werden. Sein Geschmack ähnelt dem der Haselnuss.

• **Mandelöl** wird vornehmlich in der süßen Küche verwendet. Hier unterscheidet man zwischen Süßmandelöl und Bittermandelöl, das zur Verfeinerung des Geschmacks von Marzipan und Likören verwendet wird. Gutes Mandelöl ist völlig klar, blassgelblich, dünnflüssig, von mildem reinem Geschmack.

• **Natives Olivenöl extra** (Olio extra vergine d'oliva) ist die höchste Qualitätsstufe des Olivenöls aus erster Pressung. Das Öl wird nach rein mechanischen Pressverfahren ohne Einsatz von Lösungsmitteln oder anderen chemischen Zusätzen gewonnen. Es darf maximal 0,8 % freie Fettsäuren enthalten. Je niedriger die Temperatur beim Pressvorgang, desto hochwertiger das Öl. Für den Zusatz „erste Kaltpressung bzw. Kaltextraktion" bei nativen Ölen darf eine Temperatur von 27° C nicht überschritten werden. Durch seine gewisse Fruchtigkeit entsteht eine große Geschmacksvielfalt, doch müssen Geschmack und Geruch einwandfrei sein. Es darf nicht über 180° C erhitzt werden. Für die kalte Küche besonders empfehlenswert ist „Santini", das mit seiner goldgelben, ins Grünliche tendierenden Farbe zu allen mediterranen Gerichten passt und aus den Olivensorten Moraiolo, Pendolino, Frantoio und Leccino in Italien erzeugt wird.

- **Natives Olivenöl** ist ebenfalls ein Olivenöl von erster Qualität, das durch rein mechanische Verfahren extrahiert wird. Sein Gehalt an freien Fettsäuren ist höher als aus Erstpressung, darf aber 2 % (zwei Gramm je 100 Gramm) nicht überschreiten.
- **Olivenöl** besteht aus raffiniertem Olivenöl und nativem Olivenöl und wird zunächst hergestellt wie native Olivenöle. Der Anteil an freien Fettsäuren (berechnet als Ölsäure) darf 1 g je 100 g Öl nicht überschreiten. Entspricht das gepresste Olivenöl nicht den Anforderungen für native Olivenöle, wird es raffiniert – wie die meisten Pflanzenöle – und wieder mit würzigem Olivenöl vermischt. Es darf dennoch nicht über 210 ° C erhitzt werden.
- **Rapsöl:** Raps gehört zu den ältesten Kulturpflanzen und stellt die wichtigste Ölpflanze der gemäßigten Zonen dar. In 100 g Rapsöl sind 7 g gesättigte Fettsäuren, 62 g einfach ungesättigte Fettsäuren (überwiegend Ölsäure) und 29 g mehrfach ungesättigte Fettsäuren enthalten. Der Anteil der mehrfach ungesättigten Fettsäuren setzt sich unter anderem aus 18 g Omega-6-Fettsäure (Linolsäure) und 9 g Omega-3-Fettsäure (Linolensäure) zusammen. Der Anteil an essenziellen Fettsäuren, insbesondere der Alpha-Linolensäure, ist um ein Mehrfaches höher als beispielsweise beim Olivenöl.
- **Sesamöl** hilft gegen Bluthochdruck, schützt vor Krebs und ist ein gesundes Salatöl. Es enthält unter anderem Phytoöstrogene, sogenannte Lignane, die sowohl das Herz schützen als auch Krebswachstum verhindern können. Es enthält viel Magnesium, das die Zellfunktionen unterstützt und die Symptome von Morbus Crohn und Diabetes lindern kann. Ebenfalls in Sesamöl enthalten ist die Syringasäure, die die Haut vor den Folgen der

UV-Strahlen schützen kann. Sesamöl wird zum Anbraten verwendet, allerdings verliert es dann viel von seinem Eigengeschmack. Wenn Sie den Geschmack voll auskosten möchten: Geben Sie ein paar Tropfen Sesamöl auf frittierte Speisen oder in Suppen, kurz bevor sie serviert werden.

- **Steirisches Kürbiskernöl:** Der steirische Ölkürbis unterscheidet sich von den zahlreichen anderen Kürbisformen durch eine Mutation, durch die in den vergangenen hundert Jahren die verholzende Samenschale verlorenging und der Samenkern nur noch von einem dünnen Silberhäutchen geschützt wird. Die weiche Konsistenz der Kerne ermöglicht eine effiziente Pressung des Öls. Kürbiskernöl hat durch seinen hohen Selen- und Vitamin-E-Anteil eine antioxidative Wirkung und schützt den Organismus vor freien Radikalen. In der steirischen Salatküche ist das Kürbiskernöl nicht wegzudenken und eignet sich auch für Rindfleisch, Sülzen oder Suppen.
- **Traubenkernöl** versorgt den Körper mit wertvollen, ungesättigten Fettsäuren und eignet sich besonders gut zum Frittieren. Es lässt sich sehr hoch erhitzen (bis 250 °C) und sorgt dafür, dass das Frittierte knuspriger schmeckt und weniger Fett aufnimmt. Wie Olivenöl enthält es Phytosterole, die das „böse" LDL-Cholesterin senken. Der feine, unaufdringliche Geschmack macht Traubenkernöl zur ersten – allerdings auch kostspieligen – Wahl unter den pflanzlichen Brat- und Backfetten.
- **Walnussöl** hat einen hohen Ellagsäuregehalt, ein Antioxidans zur Unterdrückung des Wachstums von Krebszellen. Die ebenfalls enthaltenen Saponine stärken das Immunsystem und mindern so die Anfälligkeit gegenüber Infektionskrankheiten. Außerdem ist Walnussöl eine reichhaltige Quelle von Vitamin E und Omega-3-Fettsäuren. Es sollte nicht erhitzt werden und ist deshalb ideal für Salatdressings.

Pflanzenöle sind für unser Wohlbefinden unerlässlich.

Zur besseren Übersicht

Ich habe hier für Sie die wichtigsten Produkte aus dem Essig- und Ölangebot der Firma VOM FASS in einer Tabelle zusammengefasst, um Ihnen einen Überblick über die in diesem Buch verwendeten Essige und Öle zu verschaffen.

Ölsorte	Dazu passende Essigsorte
Arganöl	Balsam Birne Balsam Granatapfel Balsam Honig Balsam Quitte Balsam Traube mit Ingwer
Bärlauchöl	Alter spanischer Weinessig Weinessig aus Frankreich Bordeaux Rotweinessig Balsam Erdbeere Balsam Calamansi
Basilikumöl	Aceto Balsamico di Modena Alter spanischer Weinessig Weinessig aus Frankreich Bordeaux Rotweinessig Sherryessig Reserva
Chiliöl	Balsam Mango Balsam Traube mit Ingwer Balsam Calamansi

Ölsorte	Dazu passende Essigsorte
Haselnussöl	Balsam Apfel
	Balsam Birne
	Balsam Himbeere
	Balsam Quitte
	Balsam Erdbeere
Kräuteröl Knoblauch	Balsam Traube
	Alter spanischer Weinessig
	Weinessig aus Frankreich
	Bordeaux Rotweinessig
	Sherryessig Reserva
Limonenöl	Aceto Balsamico di Modena
	Balsam Traube
	Balsam Himbeere
	Balsam Erdbeere
	Weinessig aus Frankreich
Mandelöl	Balsam Apfel
	Balsam Honig
	Balsam Kirsche
	Balsam Quitte
Olivenöle extra nativ	Alter spanischer Weinessig
	Balsam Traube

Ölsorte	Dazu passende Essigsorte
Olivenöle extra nativ	Balsam Honig Balsam Quitte Weinessig aus Frankreich Bordeaux Rotweinessig Sherryessig Reserva
Orangenöl	Balsam Traube Balsam Granatapfel Balsam Erdbeere
Pistazienöl	Balsam Granatapfel Balsam Himbeere Balsam Erdbeere
Sonnenblumenöl oder Rapsöl	Balsam Apfel Balsam Birne Balsam Honig Balsam Kirsche Weinessig aus Frankreich Bordeaux Rotweinessig Sherryessig Reserva
Steirisches Kürbiskernöl	Balsam Apfel Balsam Birne Balsam Quitte Balsam Honig Balsam Traube Weinessig aus Frankreich
Walnussöl	Balsam Birne Balsam Himbeere Balsam Honig Sherryessig Reserva

Der passende Essig zum erlesenen Öl ergibt einen unvergleichlichen Genuss.

Marinaden & Dressings

Einfache Essig-Öl-Marinade

Grundrezept

vegetarisch, glutenfrei

Zutaten

50 ml	Essig (Wein-, Apfel- oder Sherryessig)
100 ml	Raps-, Sonnenblumen- oder Traubenkernöl
1 Prise	Salz

Nach Geschmack

1 TL	Zucker
1 Prise	frischer, gemahlener weißer Pfeffer oder
1 Schuss	Tabasco

Zubereitung

Für alle Marinaden gilt: Zuerst die Flüssigkeiten in eine Schüssel geben, anschließend das Öl mit einem Schneebesen zügig unterrühren. Ich emulgiere meine Marinaden und Dressings mit einem Stabmixer in einem hohen Mixbecher.

Tipp

Die einfache Essig-Öl-Marinade eignet sich für grüne Blattsalate, Kräuter- und junge Zupfsalate sowie für Salatgarnituren.

Marinaden und Dressings bleiben in Flaschen gefüllt und kühl gelagert im Kühlschrank problemlos einige Tage frisch.

Universelles Apfel-Balsam-Dressing

vegetarisch, glutenfrei

Zubereitung

Alle Zutaten bis auf Fond und Öl in einen hohen Mixbecher füllen und mit einem Stabmixer emulgieren. Langsam das Öl einlaufen lassen, wie zur Zubereitung einer Mayonnaise, anschließend die leicht erwärmte Brühe langsam mit dem Stabmixer einarbeiten. Das Dressing sollte schön cremig sein. Nun mit Pfeffer aus der Mühle, Tabasco und Meersalz nachwürzen. Eventuell frische Kräuter hinzufügen, eine Stunde ruhen lassen und danach abseihen.

Tipp

Das im Eigelb enthaltene Lezithin lässt das Dressing perfekt emulgieren. Verwenden Sie stets frische Eier, um die Gefahr einer Salmonelleninfektion auszuschließen. Ich verwende lieber Eigelb aus dem Tetrapack, da es bakteriologisch einwandfrei ist. Wenn Sie ein besonders hochwertiges Olivenöl verwenden wollen, dann empfehle ich Olivenöl Santini.

Zutaten

1	frisches Eigelb
1 TL	Meersalz
2 EL	Zucker
1 Zehe	Knoblauch
2 EL	Dijonsenf
70 ml	Apfelessig
120 ml	Apfel Essig-Balsam
150 ml	Raps- oder Sonnenblumenöl
100 ml	Olivenöl
100 ml	Gemüse- oder Hühnerbrühe

Nach Geschmack

Pfeffer aus der Mühle und Tabasco
Kräuter der Saison

Fruchtiges Himbeerdressing

vegetarisch, glutenfrei

Zutaten

150 ml	Raps-, Walnuss- oder Sonnenblumenöl
80 ml	Waldhimbeeressig
50 ml	Himbeermark
1 Prise	Salz
1 Prise	Zucker
1 Schuss	Tabasco
50 ml	Gemüse- oder Hühnerbrühe

Zubereitung

Alle Zutaten bis auf das Öl in einer Schüssel mit einem Schneebesen gut vermischen und das Öl langsam einlaufen lassen. Danach je nach Geschmack mehr oder weniger Gemüsebrühe beimengen.

Tipp

Dieses Dressing kann mit beliebigem Fruchtmark und dem jeweils passenden Essig sowie Öl zubereitet werden.

Passt gut zu Spargel, Geflügel, Feldsalat, Chicoree, Pilzen und vielem mehr.

Exotisches Dressing
für Kreative

vegetarisch, glutenfrei

Zubereitung
Alle Zutaten in einem hohen Mixbecher mit einem Stabmixer emulgieren, evtl. noch mit etwas Gemüsebrühe oder Salz abschmecken.
Ideal zu Avocado, gedämpftem, gebeiztem Fisch, Gemüse-, Garnelen- oder Hühnersalat.

Tipp
Der Einsatz von Xanthan-Algenbindemittel, das in jedem guten Lebensmittel-Fachgeschäft erhältlich ist, lässt Dressings noch besser emulgieren. Achten Sie darauf, dass Xanthan nur in ganz kleinen Prisen kalt mit einem Stabmixer emulgiert wird.
Diese Herstellungsmethode wird oft der molekularen Küche zugeordnet und hört sich spektakulär an, ist aber tatsächlich sehr oft Bestandteil von Mayonnaisen oder Dressings.

Zutaten

40 ml	Calamansi Essig-Balsam
40 ml	Mango Essig-Balsam
70 ml	Orangensaft, frisch gepresst
1 TL	Meersalz
1 Schuss	Tabasco
2 EL	Honig
60 ml	Limonenöl
60 ml	Olio d'Olivia arancia (Orangenöl)

Frühlingsvinaigrette
mit Ei

vegetarisch, glutenfrei

Zutaten

100 ml	Sonnenblumen-, Traubenkern- oder Rapsöl
40–60 ml	Apfelessig
2	kleine Schalotten
1 kl. Bund	Schnittlauch
1	Tomate
1	hart gekochtes Ei
1 Prise	Salz
1 TL	Dijonsenf
1 Prise	Zucker
	frisch gemahlener Pfeffer nach Geschmack
	etwas Gemüsebrühe nach Bedarf

Zubereitung

Essig und Gewürze in eine Schüssel geben. Öl langsam einlaufen lassen und mit dem Schneebesen einrühren. Schalotten in Salzwasser blanchieren, so wird der rauchige Zwiebelgeschmack milder. Schnittlauch in feine Ringe schneiden, Tomate blanchieren, schälen und würfeln, das Ei fein hacken, mit den restlichen Zutaten untermischen und gut pikant abschmecken.

Tipp

Diese gehaltvoll-pikante Vinaigrette passt zu Blatt- und Gemüsesalaten aller Art, aber auch zu gekochtem oder gedämpftem Fisch und Geflügel.

Star-Apfel-Dressing
mit Steirischem Kürbiskernöl

vegetarisch, glutenfrei

Zubereitung
Zutaten mit einem Schneebesen kräftig vermischen. Diese Kombination ist sehr typisch für die Steiermark und passt zu allen Blattsalaten, zu Wurst- oder Fleischsalaten, aber auch zum berühmten Käferbohnensalat (Feuerbohnensalat) sowie zu warmem Kartoffelsalat.

Tipp
Für einen kräftigeren Geschmack gebe ich etwas zerdrückten Knoblauch in das Dressing.

Dressings bereite ich am liebsten mit QimiQ zu, einer Rahmbasis mit 15 % Fett und etwas Gelatine-Anteil. Damit kann das Dressing besser emulgieren und besser am Salat haften bleiben.

Zutaten

50 ml	Apfelessig
60 ml	Steirisches Kürbiskernöl
1 Prise	Meersalz
	Pfeffer aus der Mühle
1 Prise	Zucker

Kräuter-Joghurtdressing

vegetarisch, glutenfrei

Zutaten

250 g	Joghurt (3,6%)
2 EL	Sauerrahm oder Schmand
1–2 EL	Vollwürz-Kräuteressig
3 EL	Limonenöl
1 Prise	Meersalz
	Tabasco nach Geschmack
2 EL	frisch gehackte Kräuter (Kerbel, Petersilie, Schnittlauch, Basilikum, Dill)

Zubereitung

Alle Zutaten in einer Schüssel mit einem Schneebesen gut miteinander vermischen und pikant abschmecken.

Tipp

Passt gut zu Gurkensalat und Gemüsesticks, aber auch zu Eisberg- oder Maissalat.

Verwenden Sie Crème fraîche, Gervais aber auch mageren Frischkäse, um den Dip etwas cremiger zu machen. Pfiffiger wird er durch die Zugabe von etwas Zitronensaft.

Dressing
mit Blauschimmelkäse

vegetarisch, glutenfrei

Zubereitung
Blauschimmelkäse mit dem gehackten Knoblauch und den restlichen Zutaten in einem hohen Becher mit einem Stabmixer gut durcharbeiten.

Tipp
Das Blauschimmelkäse-Dressing passt am besten zu kräftigen und bitteren Salaten wie Radicchio, Eisberg, Frisée, Chicorée etc.

Noch cremiger wird das Dressing, wenn Sie die Zutaten leicht erwärmen. So können die Fette besser binden, und der Reifegrad des Käses bestimmt die Würze des Dressings.

Zutaten

100 g	Blauschimmelkäse
100 g	Buttermilch oder Joghurt (3,6%)
30 ml	Walnussöl
20–30 ml	Feige Essig-Balsam
1 Prise	Salz
	Pfeffer aus der Mühle
½ Zehe	Knoblauch

Walnussdressing

vegetarisch, glutenfrei

Zutaten

70 ml	Walnussöl
40 ml	Sherryessig
1 Prise	Meersalz
	etwas Pfeffer aus der Mühle
1 Prise	Zucker

Für die Reduktion

50 ml	Portugiesischer Likörwein
40 ml	Sherry fino dry
20 ml	Aceto Balsamico

Zubereitung

Die Zutaten für die Reduktion auf die Hälfte einkochen und auskühlen lassen. Mit den restlichen Zutaten vermischen und mit einem Schneebesen gut durchrühren, evtl. etwas Gemüsebrühe zugeben und würzig abschmecken.

Tipp

Dieses Dressing verwende ich am liebsten für Blatt- oder Feldsalat sowie Karottensalat. Auch passend zu herbstlichen Blattsalaten oder Salatbouquets. Das Dressing kann auch durch fein gehackte Walnüsse sowie gerösteten Knusperspeck aufgewertet werden.

Kürbiskernöl-Dressing

vegetarisch, glutenfrei

Zutaten

200 ml	Kürbiskernöl
100 ml	Apfel Essig-Balsam
1 Zehe	Knoblauch
1 Prise	Meersalz
1 Prise	Zucker
	Pfeffer aus der Mühle
100 ml	Joghurt (od. Sauerrahm)

Zubereitung

Alle Zutaten gut mit einem Stabmixer mixen, und pikant abschmecken.
Am besten in Schraubgläser füllen und kalt stellen.

Tipp

Dieses Dressing verwende ich für Blattsalate, Bohnen, aber auch für gemischte Salatkreationen. Sollte dieses Dressing zu dickflüssig sein, kann es mit etwas Gemüsebrühe verdünnt werden.

Dieses Dressing ist mein persönlicher Favorit und der ideale Begleiter zu Sülzen oder für einen griechischen Salat zu verwenden.

Würziges Caesar-Dressing

vegetarisch, glutenfrei

Zutaten

1	Eigelb
50 ml	Trauben Essig-Balsam oder Honig Essig-Balsam
30 ml	Apfelessig
30 g	Parmesan, fein gerieben
250 g	Joghurt (3,6 %)
1 Prise	Meersalz
1 EL	Dijonsenf
1 Schuss	Tabasco
1 Prise	Zucker
30 ml	Einlegewasser von Kapern
100–150 ml	Olivenöl

Zubereitung

Eigelb mit Gewürzen und Essigen mit einem Stabmixer in einem hohen Gefäß gut emulgieren, dann nach und nach das Öl einlaufen lassen. Zuletzt Joghurt einmixen und pikant abschmecken. Sollte das Dressing zu dick sein, mit etwas warmer Gemüsebrühe verdünnen.

Tipp

Den Caesar Salad stelle ich aus Römersalaten, gegrillter Hühnerbrust, Brotcroûtons und Kapernbeeren sowie frisch gehobeltem Parmesan her. Für mich die beste Erfindung, seit es Salate gibt! Wenn Sie ein besonderes Olivenöl verwenden wollen, empfehle ich Olivenöl Santini.

Salate & Entrees

Kartoffelsalat
mit Avocado

vegetarisch, glutenfrei

Zutaten für 4 Personen

1–1,5 kg	kleine, festkochende Kartoffeln
20–40 ml	Apfelessig
50 ml	Raps- oder Sonnenblumenöl
100 ml	Gemüsebrühe
1 TL	Estragonsenf
80 g	Sauerrahm oder Schmand
1 Prise	Zucker
2	kleinere Äpfel
1 Schuss	Tabasco
1	reife Avocado (am besten Sorte Hass)
1 Hand voll	Kresse oder gemischte Sprossen
1 Prise	Meersalz
	Pfeffer aus der Mühle

Zubereitung

Kartoffeln waschen und in der Schale weich kochen lassen. Inzwischen für das Dressing Essig, Öl, Schmand, Brühe, Senf, Zucker, Salz und Pfeffer verrühren, mit Tabasco pikant abschmecken. Äpfel schälen, vierteln, entkernen und in kleine Würfel schneiden.

Avocado schälen, halbieren, vom Kern befreien und in ca. 8 mm große Würfel schneiden. Avocado und Äpfel mit dem Dressing marinieren.

Kartoffel abgießen, kalt abschrecken, schälen, in 3 mm dicke Scheiben schneiden unc behutsam untermischen. Mit Kresse oder Sprossen bestreuen.

Tipp

Diesen Salat am besten mit frischem Schwarz- oder Vollkornbrot servieren.

Steirischer Tomatensalat

vegetarisch, glutenfrei

Zubereitung

Tomaten von den Stielen befreien und in gleichmäßige Scheiben schneiden, Zwiebel fein hacken. Kürbiskernöl, Essig, Salz und Pfeffer zu einer Marinade verrühren und mit den fein gehackten Zwiebeln vermengen. Tomatenscheiben in eine Schüssel geben und behutsam mit der Marinade vermengen. Vor dem Servieren mit Zwiebelringen und Paprikastreifen belegen.

Tipp

Verwenden Sie nur vollreife Tomaten. Beachten Sie, dass Tomaten bei Raumtemperatur gelagert werden müssen und nicht in den Kühlschrank gehören, da sie sonst das Aroma verlieren und nicht nachreifen können. An heißen Tagen mische ich auch fein gewürfelte Wurst oder Käse zu diesem Salat und serviere ihn als Hauptspeise. Dazu passt am besten Schwarzbrot.

Dazu einen schönen Schluck Sauvignon blanc, am besten aus der Region!

Zutaten für 4 Personen

600–700 g	Tomaten
1	rote Zwiebel
30 ml	Apfelessig
40 ml	Steirisches Kürbiskernöl
1 Prise	Meersalz
	Pfeffer aus der Mühle
1	grüne Paprikaschote

Zutaten für 4 Personen

Für den Salat

400 g	mittelgroße Möhren
1 Prise	Meersalz
50 g	frisch geröstete Kürbiskerne
1 Hand voll	Kresse und Zwiebel- oder Lauchsprossen je Saison
8	grüne Salatherzen
	getrocknete Brotblätter zum Garnieren

Für das Balsam-Dressing

70 ml	Quitten Essig-Balsam
90 ml	Haselnuss- oder Traubenkernöl
50 ml	Gemüsefond
1 EL	Dijonsenf
2 Schuss	Tabasco
1 Prise	Meersalz
	Pfeffer aus der Mühle

Möhrensalat

mit Balsamdressing und Kürbiskernen

vegetarisch, glutenfrei

Zubereitung

Den Essig-Balsam mit Senf und Tabasco gut verrühren. Nun den lauwarmen Gemüsefond hinzufügen. Unter ständigem Rühren (am besten mit einem Stabmixer) das Öl langsam eintröpfeln lassen, bis eine cremige Konsistenz erreicht ist. Mit Salz und Pfeffer abschmecken.

Die geschälten Möhren fein reiben und kurz einsalzen. Das Gemüse ausdrücken, mit etwas Dressing vermischen und auf leicht marinierten Salatherzen in kleine Teller anrichten. Kürbiskerne, Kresse und Sprossen mit Brotblättern auflegen. Mit dem Dressing an der Seite servieren.

Tipp

Der besondere Kick ist die Tabascoschärfe und die etwas scharfen Zwiebel- bzw. Lauchsprossen. Für die getrockneten Brotblätter verwende ich gern Kürbiskernbrot: Brot in hauchdünne Scheiben schneiden und an der Luft trocknen lassen.

Gurkensalat
in Dill-Rahm

vegetarisch, glutenfrei

Zubereitung
Gurken schälen, entkernen und in sehr feine Scheiben hobeln. Einsalzen, 5 Minuten ziehen lassen und das entstandene Wasser ausdrücken. Gurkenscheiben mit einem Schuss Tabasco, Essig, Limonenöl und dem Dill vermengen, mit Sauerrahm binden. Sofort kalt servieren, da die Gurke schnell Flüssigkeit abgibt und somit den Rahm verwässern würde.

Tipp
Wenn der Salat vor dem Servieren längere Zeit steht, ist es ratsam, anstelle von Sauerrahm Crème fraîche oder/und Mayonnaise zu verwenden. Man kann auch die Gurken schälen und der Länge nach mit einem Sparschäler – unter permanentem Drehen – in feine lange Gurkenstreifen (sogenannte Gurken-Spaghetti) schneiden. Diese können dann wie Pasta mit einer Fleischgabel aufgedreht werden.

Zutaten für 4 Personen

2	Salatgurken
250 g	Sauerrahm oder Schmand
3 EL	Apfelessig
2 EL	Limonenöl
1 EL	Dillspitzen, gehackt
1 Prise	Meersalz
1 Schuss	Tabasco

Steirischer Käferbohnensalat

vegetarisch, glutenfrei

Zutaten für 4 Personen

300 g	Käferbohnen (Feuerbohnen)
50 ml	Apfel Essig-Balsam
1 Prise	Salz
	Pfeffer aus der Mühle
1	kleine Zwiebel
50 ml	Steirisches Kürbiskernöl
	frisch geriebener Meerrettich nach Geschmack
1	Speck- oder Räucherschinkenschwarte
100 ml	Gemüsebrühe oder Wasser

Zubereitung

Bohnen über Nacht in Wasser einweichen und dabei die fünffache Menge Wasser wie Bohnen verwenden. Am nächsten Tag Bohnen abgießen und in reichlich Wasser ohne Salz mit Speckschwarte (sie gibt einen guten, runden Geschmack) ca. 1–1,5 Stunden weich kochen lassen.

Nun die Schwarte entfernen, die Bohnen abseihen, kurz kalt abschwemmen und die noch warmen Bohnen mit Apfel Essig-Balsam, Gemüsebrühe, Salz und Pfeffer vermengen. Zwiebel fein hacken, zu den Bohnen geben und ziehen lassen. Vor dem Servieren reichlich Steirisches Kürbiskernöl auf den Bohnensalat geben und mit Meerrettich bestreuen.

Tipp

Der Bohnensalat lässt sich mit Sülze, Schaffrischkäse, geräucherter, gekochter Schweinezunge sowie gekochtem Rindfleisch, Wurst oder gegrillten, in die Hälfte geschnittenen Bratwürsten optimal kombinieren.

Bunter Sommer-Salat
mit Rahmdressing

vegetarisch, glutenfrei

Zubereitung
Für das Dressing die Petersilie und den Estragon fein hacken, den Schnittlauch in feine Röllchen schneiden. Alle Zutaten in einen hohen Behälter geben und mit einem Stabmixer gut emulgieren.
Für den Salat die Blätter waschen und trocken schleudern, die Möhre schälen und fein reiben, die Tomaten in Spalten schneiden, die Gurke schälen, entkernen und würfeln. Die gelbe Paprikaschote entkernen und in 6 mm große Würfel und die Radieschen fein blättrig schneiden.
Nun den Salat marinieren, in passenden Schüsseln anrichten und sofort servieren.

Tipp
Dieser Salat lässt sich mit frittierten Kapern oder Oliven sowie Schafkäse optimal erweitern.
Dazu serviere ich gern Speckchips. Turboschnelle Speckchips bereite ich folgendermaßen zu: Gekochten Bauchspeck schön dünn geschnitten auf Teller legen, in der Mikrowelle bei voller Leistung knusprig garen, abtropfen lassen und genießen – am besten mit einem leichten und frischen Weißwein.

Zutaten für 4 Personen

Für das Dressing

100 ml	Sauerrahm oder Schmand
60–80 ml	Sonnenblumenöl oder Olivenöl
50 ml	Bordeaux-Essig
1 Prise	Meersalz
1 EL	Dijonsenf
1 EL	Petersilie
1 EL	Estragon
1 EL	Schnittlauch

Für den Salat

300 g	Blattsalate, gemischt
1	Möhre
2	Tomaten
½	Salatgurke
1	gelbe Paprikaschote
4	Radieschen
	evtl. frische Kresse nach Geschmack

Omas Kartoffelsalat

vegetarisch, glutenfrei

Zutaten für 4 Personen

1 kg	Kartoffeln, festkochend
60 ml	Rapsöl
1	rote Zwiebel
200 ml	Gemüsebrühe oder Rindersuppe
1 EL	Estragonsenf
30–40 ml	Apfel- oder Bieressig
1 Prise	Salz
	Pfeffer aus der Mühle

Zubereitung

Kartoffeln in der Schale in Salzwasser weich kochen. Abseihen, ausdämpfen lassen und noch warm schälen. Dünn-blättrig schneiden und rasch mit Öl, anschließend mit heißer Brühe übergießen. Mit Essig, Salz, Pfeffer und Senf behutsam marinieren, etwa 10 Minuten ziehen lassen. Nochmals abschmecken und mit fein geschnittener Zwiebel zu einem sämigen Salat vermengen. Ist er zu trocken, etwas Brühe zugeben.

Tipp

Dieses Grundrezept kann mit vielerlei Zutaten variiert werden: mit Feldsalat, knusprigem Speck, Kürbiskernöl oder gehacktem Schnittlauch. Der Wiener Klassiker wird mit etwas Zucker abgerundet, wie überhaupt die meisten Salate in der österreichischen Hauptstadt eher süß mariniert werden.

Seesaibling
mit Spargelsalat und Calamansi-Dressing

Zubereitung

Für das Dressing den Calamansi Essig-Balsam mit den restlichen Zutaten verrühren.

Die Seesaiblingfilets mit Räuchersalz und Pfeffer aus der Mühle auf der Hautseite leicht mehlieren und in einer Pfanne in heißem Olivenöl auf der Hautseite scharf braten, bis die Filets fast durch, aber noch schön glasig sind.

Die Spargelstangen in gefällige Stücke schneiden und in einer anderen Pfanne in etwas heißem Olivenöl anschwitzen, bis sie bissfest sind. Die warmen Spargelstücke mit einem Teil des Calamansi-Dressings marinieren und lauwarm auf 4 Tellern anrichten. Die Seesaiblingfilets darauf setzen.

Die Radieschen fein schneiden und darüber verteilen. Nach Belieben mit Kräutern und/oder marinierten Salaten garnieren. Das restliche Dressing darüber träufeln. Eventuell mit gerösteten, gehackten Erdnüssen sowie Meersalz bestreut servieren.

Tipp

Genießen Sie dazu einen feinen und eleganten Weißwein, z. B. einen Bianco di Custoza.

Zutaten für 4 Personen

12 Stangen	grüner Spargel
4	Radieschen
4	Seesaibling- oder Forellenfilets (mit Haut, à 100 g)
1 Prise	Räuchersalz
	Pfeffer aus der Mühle
	Olivenöl und etwas Mehl zum Braten
	Kräuter (und/oder marinierte Salate zum Garnieren)

Für das Dressing

30 ml	Calamansi Essig-Balsam
1 TL	Zucker
40 ml	Olivenöl
1 Schuss	Tabasco
1 Prise	Salz

Sprossen-Salat

vegetarisch, glutenfrei

Zutaten für 4 Personen

1	Kohlrabi
2	Möhren
1	Apfel
40 ml	feines Pflanzenöl
20 ml	Aceto Balsamico oder Ingwer-Traubenessig
1 Prise	Meersalz
1 Hand voll	gemischte gehackte Nüsse oder Kerne
1 Hand voll	gemischte Sprossen (Alfalfa, Brokkoli, Zwiebel- und Radieschensprossen)

Zubereitung

Den Kohlrabi, die Möhren und den Apfel schälen, fein in Streifen raspeln und in eine Schüssel geben. Mit dem Öl und dem Aceto Balsamico vermengen und salzen. Auf Tellern anrichten, mit Sprossen garnieren und mit Nusskernen bestreut servieren.

Tipp

Ich empfehle für dieses Dressing die wertvolle Ölmischung VOM FASS-Omega 3-6-9 Power-Mix, die hilft, den Salat gut aufzunehmen und besser zu verdauen.

Der Sprossen-Salat ist in Kombination mit Sprossen, die einen hohen Anteil Antioxidantien haben, gegen freie Radikale besonders wirksam und daher sehr gesund.

Tatar von der Bachforelle
mit Gemüsevinaigrette

glutenfrei

Zubereitung

Für das Tatar Schalotten schälen und fein würfeln. Olivenöl in einer Pfanne erhitzen, Schalotten darin glasig dünsten, erkalten lassen.
Die Fischfilets entgräten und in ca. 0,5 cm kleine Würfel schneiden. Die Schalotten mit Sherry, Senf und dem Fisch-Tatar gut mischen und pikant mit Pfeffer abschmecken.
Für die Gemüse-Vinaigrette Möhren und Sellerie schälen und in feine Würfel schneiden. Lauch waschen und ebenso fein würfeln. Haselnussöl in einer Pfanne leicht erhitzen und darin das Gemüse kurz andünsten lassen. Lauch zugeben kurz mitschwitzen lassen. Vom Herd nehmen, Limonenöl und Sherryessig zugeben. Alles verrühren und gut würzen.
Tatar mit Hilfe eines Metallrings von ca. 8–10 cm Durchmesser auf Tellern mit Gemüse-Vinaigrette anrichten. Mit feinst geschnittenem Junglauch sowie Kartoffelchips garnieren.

Tipp

Ich empfehle dazu einen feinfruchtigen, eleganten Riesling.

Zutaten für 4 Personen

Für das Forellentatar

2	Schalotten
20 ml	Olivenöl
250–350g	frische Bach- oder Regenbogenforellen-filets ohne Haut
1 Schuss	Sherry
1 TL	Englischer Senf
1 Prise	Meersalz
	Pfeffer aus der Mühle
1 kl. Bund	Junglauch

Für die Gemüsevinaigrette

60 g	Möhren
40 g	Knollensellerie
40 g	Lauch
20 ml	Limonenöl
20 ml	Haselnussöl
3–4 EL	Sherryessig
1 Prise	Meersalz
	Pfeffer aus der Mühle
1 Hand voll	selbst gemachte Kartoffelchips

Thunfischsalat
mit Orangen und Pinien

glutenfrei

Zutaten für 4 Personen

300–400 g	Thunfisch in Olivenöl (aus nachhaltiger Fischerei)
150 g	Erbsen
150 g	Knollensellerie
1 kl. Bund	Jungzwiebeln

Für die Marinade

100 g	Mayonnaise oder Crème fraîche
1 EL	Dijonsenf
Saft von 1–2	Zitronen
1 Schuss	Tabasco
	Pfeffer aus der Mühle
1 Prise	Meersalz
20 ml	Pinienkernöl

Zum Garnieren

2	große, saftige Orangen
1 Hand voll	Weißbrotwürfel
2 EL	Pinienkerne
	Kräuter der Saison

Zubereitung

Den Thunfisch gut abtropfen lassen. Die Erbsen kurz überkochen lassen und grob hacken. Die Knollensellerie in 3 mm dicke Würfel schneiden und blanchieren. Die Jungzwiebeln in feine Ringe schneiden.

Für die Marinade alle Zutaten gut emulgieren. Den Fisch mit dem Gemüse gut vermischen und mit der Marinade würzig abschmecken.

Zum Garnieren die Orangen filetieren, diese quer halbieren. Die Weißbrotwürfel in Butter hellbraun rösten. Mit Hilfe eines Metallrings von ca. 15 cm Durchmesser den Thunfischsalat auf 4 Teller verteilen, gut andrücken. Mit Orangenfilets, Pinienkernen und Weißbrotwürfeln garnieren und mit einigen Tropfen Pinienkernöl leicht rundum beträufeln. Abschließend mit Kräutern garnieren.

Tipp

Um eine Orange zu filetieren, diese zuerst schälen, beide Enden abschneiden, damit anschließend mit einem Messer die Schale, einschließlich der weißen Haut, entfernt werden kann. Nun jedes einzelne Filet herausschneiden. Dabei über einem tiefen Teller arbeiten, damit austretender Saft nicht verloren geht.

Matjessalat
mit Äpfeln und Meerrettich

glutenfrei

Zubereitung

Die Kartoffeln in der Schale kochen lassen, schälen und in 8 mm große Würfel schneiden.

Für die Auflage den Apfel schälen und in 8 mm große Würfel schneiden. Die rote Zwiebel schälen, würfeln und kurz in Salzwasser überkochen lassen, kalt abschrecken. Die Gurke schälen, entkernen und in kleine Würfel schneiden.

Für das Dressing Kapernblüten fein hacken und den Sauerrahm mit allen Zutaten gut verrühren, unter das Gemüse mischen, würzig abschmecken.

Nun die Kartoffelwürfel in einer Pfanne mit etwas Öl von allen Seiten braten, auf Küchenpapier abtropfen lassen und auf Tellern anrichten. Darauf nun die gut abgetropften Matjesfilets anrichten und mit der Soße nappieren.

Als Garnitur Zwiebelringe, Schnittlauch und/oder geröstete Speckscheiben verwenden.

Tipp

Anstelle von Sauerrahm oder Schmand können Sie auch Frischkäse, Crème fraîche oder eine Mischung daraus verwenden.

Zu diesem Gericht genießt man am besten einen würzigen Grünen Veltliner.

Zutaten für 4 Personen

400–500 g	Matjesfilet ohne Gräten
300 g	Kartoffeln
	Erdnussöl zum Braten der Kartoffeln

Für die Auflage

1	säuerlicher Apfel
1	rote Zwiebel
200–250 g	Gartengurken
50 g	Meerrettich, frisch gerieben

Für das Dressing

250 g	Sauerrahm oder Schmand
1 TL	Dijonsenf
30 ml	Limonenöl
10 ml	Calamansi Essig-Balsam
2 EL	Kapernblüten
1 Schuss	Tabasco
1 Prise	Meersalz

Zum Garnieren

1 Hand voll	Zwiebelringe
1 Bund	Schnittlauch, in feine Ringe geschnitten
	evtl. geröstete Speckscheiben

Avocado

mit Sesam-Hühnerbrust

glutenfrei

Zutaten für 4 Personen

600 g	Hähnchenbrustfilets ohne Haut
100 g	geschälte Sesamkörner
2 EL	schwarzer Kümmel
2	vollreife Avocados

Für die Beize

40 ml	Ingwer-Sesamöl
30 ml	Sojasoße
Schale von 1	Zitrone
2 EL	fein geschnittene Minze

Für die Marinade

1 Prise	Salz
20 ml	Mangoessig
30 ml	Avocadoöl

Zum Garnieren

2	Orangen
1 Hand voll	frische Kräuter, Rucola oder Sprossen

Zubereitung

Hühnerbrustfilets abspülen, trocken tupfen, von Fett und Sehnen befreien und halbieren.

Für die Beize alle Zutaten vermengen und das Fleisch 1 Stunde lang darin ziehen lassen.

Nun die Sesamkörner mit dem schwarzen Kümmel vermischen, Filets darin drehen, auf eine beölte Backform setzen und bei 200 °C (Umluft) 10–12 Minuten garen.

Inzwischen die Avocados halbieren, den Kern entfernen, schälen und der Länge nach blättrig schneiden, auf Teller setzen und rosettenartig kreisrund drehen.

Für die Marinade Avocadoöl mit Mangoessig, Salz und evtl. etwas Zucker vermischen und über die Avocados träufeln.

Nun die Orangen schälen und Filets ohne Trennhäutchen aus den Früchten herausschneiden (siehe Tipp Seite 74). Die Hühnerbrüste der Länge nach in Streifen schneiden und zu den Avocados auflegen. Mit Orangenfilets und frischen Kräutern garnieren.

Tofu
mit Minz-Joghurt und Sprossen

vegan, glutenfrei

Zutaten für 4 Personen

Für den Tofu

500 g	geräucherter Tofu
50 ml	Erdnuss- oder Rapsöl

Für den Salat

1 Hand voll	gemischte, fein gezupfte Blattsalate
40 ml	Sojasoße
40 ml	Mango Essig-Balsam
1 EL	frisch geriebener Ingwer
50 ml	Öl von gerösteten Erdnüssen
½ Zehe	Knoblauch
1 EL	Blütenhonig
Schale von 1	Limette
Saft von ½	Limette
	Chilipaste oder frischer Chili nach Geschmack
100 g	gemischte Sprossen (Mungbohnen, Soja, Alfalfa, Radieschen …)
1 Hand voll	frische Kräuter

Für den Minz-Joghurt

200 ml	griechischer Joghurt
1 Prise	Meersalz
1 EL	frische Minzeblätter

Zubereitung

Für die Marinade den Knoblauch fein hacken, mit den restlichen Zutaten vermengen und mit einem Stabmixer mixen. 10 Minuten ziehen lassen, dann abseihen.

Nun den Tofu in 1 cm dicke Scheiben schneiden, in einer beschichteten Pfanne auf beiden Seiten anbraten und auf vorgewärmte Teller setzen.

Den Blattsalat mit Sojamarinade abmischen und auf den Tellern verteilen.

Für den Minz-Joghurt die Minzeblätter fein schneiden, mit den restlichen Zutaten vermischen und leicht über den angerichteten Tofu träufeln. Mit Sprossen garnieren und evtl. mit gehackten Nüssen bestreuen.

Ich serviere Salate am liebsten mit einer knusprigen Komponente wie Croûtons, Chips oder Röstbrot, aber auch Strudelteig sowie Frühlingsrollenteig, knusprig gebacken, eignen sich dazu hervorragend.

Wiesenkräuter und Gartensalat

mit Pestobrot

vegetarisch, glutenfrei

Zutaten für 4 Personen

150 g	Rucola oder junger Spinat
1 Hand voll	Wiesenkräuter (Löwenzahn, Schafgarbe, Gänseblümchen und Schwalbennessel)
½ Kopf	Eisbergsalat
½	Gartengurke
2	Möhren
4	Radieschen
6	frische Champignons
	Kirschtomaten je nach Größe und Geschmack
1 kl. Bund	Schnittlauch
20 ml	Olivenöl
20 ml	Limonenöl
30 ml	Kirsch Essig-Balsam
1 Prise	Salz
	Pfeffer aus der Mühle
	Baguette
	mediterraner Pesto siehe Rezept Seite 131

Zubereitung

Den Eisbergsalat in feine Streifen schneiden, Wiesenkräuter und den Rucola putzen, waschen und trockenschleudern. Die Möhren schälen und fein raspeln. Die Gurke schälen und der Länge nach mit einem Sparschäler in feine, lange Streifen abziehen.
Die Radieschen fein hobeln, die Kirschtomaten halbieren oder in Spalten schneiden. Alle Zutaten in einer Schüssel miteinander vermischen. Den Schnittlauch in feine Röllchen schneiden, mit den Ölen und dem Essig verrühren, mit Salz und Pfeffer würzen. Die Marinade über den Salat geben und gut durchmischen.
Die rohen Champignons fein über den Salat hobeln. Baguette in Scheiben schneiden, knusprig Toasten und mit Pesto bestrichen zum Salat servieren.

Tipp

Gut dazu passen Schaf-, Ricotta- oder Frischkäse, auch gegrillte Garnelen, Rohschinken sowie gebeizter Fisch zu diesem Salat. Wenn Sie besonders qualitätvolles Öl verwenden wollen, empfehle ich Olivenöl Santini.

Mozzarella di Bufala
mit Mandarinen und Nüssen

glutenfrei

Zubereitung

Für die Vinaigrette 4 Mandarinen pressen und in einem kleinen Topf auf die Hälfte einkochen lassen. Reduzierten Mandarinensaft mit Salz, Pfeffer und Zucker abschmecken. Traubenkern- und Olivenöl einrühren und die Vinaigrette abschmecken.
Rucola waschen. Mozzarellakugeln abtropfen lassen, halbieren und mit Küchenpapier abtupfen. Die gemischten Kerne grob hacken, in einer Pfanne hell rösten. Zucker, Zimt und Butter zufügen und ca. 2 Minuten weiterrösten, bis der Zucker leicht zu karamellisieren beginnt. Die Kerne auf ein Backpapier leeren und abkühlen lassen. Restliche Mandarinen schälen, die weiße Haut entfernen und Spalten der Länge nach halbieren.
Rucola mit Mandarinensegmenten und Mozzarella kreisrund auf vier Teller verteilen und mit der Vinaigrette marinieren. Mit gerösteten Kernen bestreuen, mit Meersalz, Pfeffer aus der Mühle und Dattel Essig-Balsam vollenden. Am besten mit ofenfrischem Baguette genießen.

Tipp

Ideal dazu ist ein eleganter toskanischer Weißwein wie der Vernaccia di San Gimignano.

Zutatenfür 4 Personen

Für die Vinaigrette

4	Mandarinen
1 Prise	Salz
	Pfeffer aus der Mühle
1 EL	brauner Zucker
30 ml	Traubenkernöl
30 ml	Olivenöl

Für den Salat

100 g	Rucola, küchenfertig
4	Mozzarella di Bufala (à ca. 120 g)
120 g	gemischte Kerne (Walnuss-, Kürbis-, Pinien- und Sonnenblumenkerne)
1 Prise	Kristallzucker
1 Prise	Zimt
1 EL	Butter
4	Mandarinen
1 Prise	Meersalz
1 Schuss	Dattel Essig-Balsam
	Ofenfrisches Baguette

Rindfleischsülze
mit Kürbispesto

glutenfrei

Zutaten 4–6 Personen

1 EL	Pflanzenöl
600 g	Tafelspitz gekocht (mit Aufschnittmaschine in 2 mm dünne Scheiben geschnitten) (Rezept siehe Seite 87)
2	Möhren
2	gelbe Rüben
150 g	Knollensellerie
1 kl. Bund	Schnittlauch, in feine Ringe geschnitten
600 ml	Rindersuppe (oder Suppe vom gekochten Tafelspitz)
10–12 Blatt	Gelatine
	Pfeffer aus der Mühle
1 Prise	Meersalz
1	rote Zwiebel, in Ringe geschnitten
	Kürbispesto aus dem Glas
30 ml	Apfel Essig-Balsam

Dazu benötigen Sie

1	Terrinenform (Kastenform mit 1300 ml Inhalt)

Zubereitung

Die Suppe mit 200 ml Wasser aufkochen lassen, die geschälten Möhren, gelben Rüben und Sellerie zugeben in 1–2 mm starke längliche Streifen schneiden – am besten mit einem Sparschäler oder mit der Aufschnittmaschine. Die Gemüsestreifen kurz in der Suppe überkochen lassen, mit einem Siebschöpfer herausheben und erkalten lassen.
Die Gelatine einweichen, ausdrücken und der Suppe beimengen. Mit Salz und Pfeffer gut abschmecken. Die Terrinenform mit Öl bepinseln, Klarsichtfolie der Länge nach einlegen und mit Küchenpapier glattstreichen. Nun den Tafelspitz in die noch warme, mit Gelatine versetzte Suppe Scheibe für Scheibe eintauchen und die Form damit auskleiden. Am oberen Rand 6 cm überlappen lassen, etwas gelatinierte Suppe eingießen, Gemüse längs einlegen und wieder den in Suppe getauchten Tafelspitz einlegen. Diesen Vorgang dreimal wiederholen, mit Suppe abgießen und mit überlappendem Tafelspitz verschließen. Folie andrücken und für 3 Stunden kalt stellen. Nun die Terrine umdrehen und auf ein Blech stürzen. Folie abziehen und in 15 mm starke Scheiben schneiden. Je 3 Scheiben auf Tellern mittig anrichten, mit roten Zwiebelringen garnieren, mit Essig-Balsam beträufeln und mit Meersalz, Schnittlauch und Pfeffer würzen. Kürbispesto in kleinen Portionen rundum aufsetzen.

Zutaten für 4 Personen

12 Scheiben	Rohschinken
je 200 g	Wasser, Zucker- und Honigmelone
1	Limette
2–3 EL	Ahornsirup
80 ml	Olivenöl
180 g	grüne Oliven in Salzwasser
1	kleine rote Zwiebel
250 g	milder Schafkäse
1 Hand voll	Minzeblätter
½	Baguette
	etwas Chiliöl
1 Prise	Meersalz
	Pfeffer aus der Mühle

Melonensalat

mit Schafkäse und Rohschinken

glutenfrei

Zubereitung

Rohschinken in einer beschichteten Pfanne knusprig braten oder in der Mikrowelle für sehr kurze Zeit knusprig backen und auf Küchenpapier abtropfen lassen.

Melonen in Spalten schneiden und Kerne entfernen. Schale abschneiden und fächerartig in dünne Scheiben auf einer Porzellanplatte auflegen.

Limetten auspressen und den Saft mit Ahornsirup und Olivenöl vermischen. Zwiebel schälen, in feine Streifen schneiden, unter die Marinade mischen und mit Salz und Pfeffer würzen. Die Hälfte der Marinade über die Melonenscheiben gießen. Die Oliven abtropfen lassen und Kerne auslösen, dann in Spalten schneiden und über die Melonen verteilen.

Schafkäse leicht zerbrechen, über den Melonensalat verteilen, Minze in feine Streifen schneiden und über den Salat streuen. Die restliche Marinade darübergießen, Rohschinken dekorativ verteilen.

Baguette in Scheiben schneiden, mit Chiliöl leicht bestreichen, im Backofen knusprig toasten und zum Salat servieren.

Warm marinierter Tafelspitz
mit Schnittlauch-Vinaigrette

glutenfrei

Zubereitung

Für den Tafelspitz Wasser in einem hohen Suppentopf einmal aufkochen lassen, das Fleisch einlegen und langsam wallend gut eine Stunde köcheln lassen. Trübstoffe immer wieder abschöpfen, damit die Suppe klar bleibt. Dann alle anderen Zutaten zugeben und weitere eineinhalb Stunden köcheln lassen. Mit einer Fleischgabel eine Einstichprobe machen, ob das Fleisch gut weich ist, andernfalls weiter in der Suppe ziehen lassen. Dann das Fleisch aus der Brühe nehmen und in eiskaltem Wasser erkalten lassen. Durch diesen Vorgang lässt sich der Tafelspitz besser aufschneiden. Dann erst Suppe mit Salz abschmecken.

Für die Vinaigrette die Schalotten in sehr feine Würfel, den Schnittlauch in feine Röllchen schneiden. Den Apfel schälen und fein reiben. Mit allen anderen Zutaten gründlich vermischen und pikant abschmecken.

Die Salate putzen und in Stücke teilen, die Radieschen in feine Scheiben schneiden. Zum Servieren je 2–4 dünne Tafelspitzscheiben, am besten in Rindersuppe lauwarm gemacht, auf Tellern anrichten, mit der Vinaigrette beträufeln und mit gezupften Kräutern und Salat garnieren. Mit Meersalz, Pfeffer aus der Mühle und Meerrettich servieren.

Dazu passt am besten ein frischer Weißwein, z. B. ein Lugana.

Zutaten für 4–6 Personen

Für den Tafelspitz

1,5 kg	Tafelspitz oder magere Schulter
5 l	Wasser
1–2 Prisen	frisch geriebene Muskatnuss
1	Lorbeerblatt
1	Gewürznelke
5–10	zerstoßene schwarze Pfefferkörner
200 g	Sellerie
100 g	Lauch
2	Möhren
1 Prise	Salz

Für die Vinaigrette

2	kleine Schalotten
1 kl. Bund	Schnittlauch
60 ml	Apfelessig
½	Apfel
1 Prise	Meersalz
1 TL	scharfer Senf
	Pfeffer aus der Mühle
60 ml	Sonnenblumenöl
1 Prise	Zucker
2	Radieschen
1	kleiner Kopf grüner Blattsalat
	bunte Blattsalate nach Belieben
1 Hand voll	frische Kräuter (Kerbel, Estragon, Petersilie etc.)
	frisch geriebener Meerrettich nach Belieben

Marinierter Calamares-Salat

glutenfrei

Zutaten für 4 Personen

3	Tomaten
1 EL	Bruschetta-Mischung VOM FASS
3 Zehen	Knoblauch
20 ml	Calamansi Essig
80 ml	Olivenöl Don Carlos
1 Prise	Salz
1 kl. Bund	Blattpetersilie
	Pfeffer aus der Mühle
500 g	Calamares, geputzt

Zubereitung

Tomaten halbieren, Kerne herauskratzen und in kleine Würfel schneiden. Mit einer Marinade aus Essig und Olivenöl sowie Salz und Pfeffer gut vermengen.

Calamares gut reinigen, trocken tupfen, in fingerdicke Ringe schneiden, in einer schweren Eisenpfanne mit etwas Olivenöl oder am besten am Holzkohlengrill scharf anbraten.

Mit fein gehacktem Knoblauch kurz durchschwenken, würzen und noch heiß zum Salat geben. Nun die Bruschettamischung zugeben, durchmischen, frisch geschnittene Petersilie unterheben und abschmecken.

Tipp

Dieser Salat lässt sich gut vorbereiten, jedoch die Petersilie immer erst kurz vor dem Servieren beigeben, da sie sonst unansehnlich wird.

Geröstetes Baguette oder Ciabattabrot passt ideal dazu.

Saure Wurst oder saures Rindfleisch

mit Ei und Kürbiskernöl

glutenfrei

Zubereitung

Wurst oder gekochtes Rindfleisch in feine Scheiben schneiden, auf eher tieferen Tellern leicht überlappend auflegen.
Mit Pyramidensalz, Pfeffer und Zwiebelringen bestreuen. Zuerst Kürbiskernöl und dann die Apfelessig-Wasser-Mischung darüber gießen. Mit wachsweich gekochten Eiern und in Streifen geschnittenen Paprikaschoten belegen.

Tipp

Ich persönlich liebe dazu frisches Schwarz- bzw. Bauernbrot und ordentlich viel frisch geriebenen Meerrettich. Den Essig unbedingt mit Wasser verdünnen, andernfalls ist er zu intensiv, und es wäre zu wenig Marinade für die Wurst vorhanden! Das Kürbiskernöl lässt sich auch bestens durch Rapsöl ersetzen.

Zutaten für 4 Personen

600–700 g	Lyoner oder mageres, gekochtes Rindfleisch
1 Prise	Pyramidensalz
	schwarzer Pfeffer aus der Mühle
2 rote	Zwiebeln
50 ml	Kürbiskernöl
100 ml	Apfelessig
80 ml	Wasser
2	Eier
evtl. 1	grüne Paprikaschote

Couscous
mit Roter Bete und Kichererbsen

vegetarisch

Zutaten für 4 Personen

Für den Salat

2 Knollen	Rote Bete (à 200 g)
1 Schuss	Weinessig
125 g	Couscous
1	Lorbeerblatt
1	Gewürznelke
1 Prise	Meersalz
400 g	Kichererbsen aus der Dose
1	Schalotte
2	Mini-Römersalate
200 g	cremiger Schafkäse

Für die Marinade

40 ml	Granatapfel Essig-Balsam
40 ml	Rote-Bete-Saft aus der Flasche
	Pfeffer aus der Mühle
40 ml	Olivenöl

Zum Garnieren

1 TL	Sesam, geröstet
2 EL	frische Kräuter
1 Schuss	Olivenöl
1 Prise	Räuchersalz

Zubereitung

Für den Salat die Roten Beten waschen und ungeschält in leicht gesalzenem Wasser, in das man einen Schuss Weinessig zufügt, aufkochen lassen. Bei mittlerer Hitze 1–1,5 Stunden gar kochen lassen.

350 ml Wasser oder Gemüsebrühe mit Nelke und Lorbeer aufkochen lassen. Couscous und etwas Salz zugeben. Zugedeckt aufkochen lassen und bei milder Hitze ca. 10 Minuten gar ziehen lassen. Die Kichererbsen in einem Sieb abspülen, unter den Couscous mischen und offen abkühlen lassen.

Für die Marinade Schalotte fein würfeln. Essig, Betensaft, Salz und Pfeffer verrühren. Schalotte zugeben und das Öl mit einem Schneebesen unterrühren.

Nun die Roten Beten schälen, zuerst in 1 cm dicke Scheiben, dann in schön lange Streifen schneiden, mit Marinade mischen und ziehen lassen.

Den Römersalat putzen, waschen und trockenschleudern. Blätter quer in fingerbreite Streifen schneiden. Lorbeer und Zimtstange aus dem Couscous entfernen, wenn nötig nachwürzen. Zuerst den Couscous, dann den Römersalat mit den Roten Beten mischen. Mit frischen Kräutern, Olivenöl und Räuchersalz abschmecken, mit Sesam bestreuen und mit Schafkäse anrichten.

Gegrilltes Gemüse
im Glas

vegetarisch, glutenfrei

Zubereitung

Auberginen und Zucchini waschen und in 5–7 mm dicke Scheiben schneiden. Die Paprikaschoten der Länge nach vierteln, Kerngehäuse entfernen, Champignons sechsteln, Schalotten in Spalten schneiden. Die Knoblauchzehen blättrig schneiden. Auberginen leicht salzen und 10 Minuten ziehen lassen.

Für die Marinade Essig und Öl in einer Schüssel vermischen und mit Salz, Pfeffer und Zucker sehr pikant-würzig abschmecken.

Olivenöl zum Anbraten in einer gusseisernen Pfanne erhitzen und die Auberginenstücke von beiden Seiten anbraten, bis sie Farbe bekommen haben. Aus der Pfanne nehmen und etwas abkühlen lassen. Währenddessen in etwas frischem Öl die Zucchinistücke anbraten. Die abgekühlten Auberginenstücke in die Marinade geben. Dann die Zucchini aus der Pfanne auf den Teller geben, Paprikaschoten mit etwas Öl anbraten. Nun die Zucchini zu den Auberginen geben, Champignons, Schalotten und Rispentomaten anbraten. Knoblauch mit Oliven und Kräutern kurz ohne Farbe anschwitzen.

Nun alles gut durchmischen, in Gläser füllen, verschließen und am besten binnen 5 Tagen genießen. Falls notwendig, noch etwas nachwürzen und mit frischen Kräutern bestreuen.

Zutaten

2	kleine, feste Auberginen
2	kleine gelbe Zucchini
2	rote Spitzpaprikaschoten
20	Champignons
200 g	Schalotten, geschält
6 Zehen	Knoblauch
12	kleine Rispentomaten
1 Hand voll	Kalamataoliven
300 ml	Olivenöl
200 ml	Quittenessig
2 EL	Rohrzucker
1 Zweig	Rosmarin
1 Zweig	Thymian
1 Zweig	Salbei
1 Prise	Meersalz
	Pfeffer aus der Mühle
	Olivenöl zum Braten

Asiatisches Gemüse

im Glas

vegetarisch, glutenfrei

Zutaten

70 g	getrocknete Shiitakepilze
300 g	Möhren
300 g	Bier-Rettich
1	rote Paprikaschote
1	gelbe Paprikaschote
2	Feldgurken
½	Chinakohl
300 g	Weißkohl
2	weiße Zwiebeln

Für die Marinade

4 Zehen	Knoblauch
220 g	Meersalz
100 g	Rohrzucker
2	Sternanis
40 g	Ingwer, fein gerieben
2	Gewürznelken
300–600 ml	Vollwürz-Kräuteressig
100 ml	Chiliöl

Zubereitung

Die Shiitakepilze 2 Stunden in Wasser einweichen, danach gut ausdrücken und fein blättrig schneiden. Gemüse waschen, putzen und schälen. Möhren und Rettich in lange, dünne Streifen hobeln. Die Paprikaschoten und die Gurken in 8 mm große Würfel, vom Chinakohl nur die inneren dicken Blätter und den Weißkohl in 4 mm breite Streifen schneiden. Zwiebeln in 2 mm dicke Ringe schneiden. Das Gemüse mit den Pilzen vermischen, in die vorbereiteten, großen Gläser schichten und gut andrücken.
Nun die Knoblauchzehen schälen und fein blättrig schneiden, ca. 2,5 l Wasser in einem großen Topf aufkochen lassen, Salz und Zucker beifügen, Sternanis, Ingwer, Gewürznelken und Knoblauch einrühren und alles aufkochen lassen. Das Gemisch vom Herd nehmen, Essig zugeben und das Gemüse mit dem Sud bedeckend übergießen.
Nun in vorbereitete Gläser füllen, mit Chilliöl abdecken, Gläser verschließen und das Gemüse einige Tage reifen lassen.

Tipp

Das Gemüse passt perfekt als Vorspeise oder Beilage zu sehr vielen asiatischen Gerichten.

Klassischer Rote-Bete-Salat

vegetarisch, glutenfrei

Zubereitung

Gut gereinigte Rote Beten in mild gesalzenem Wasser mit einem kräftigen Schuss Apfelessig (dadurch wird die Farbe intensiviert) ca. 2 Stunden langsam weich kochen lassen. Mit kaltem Wasser abschrecken, schälen und blättrig schneiden oder hobeln. Wasser mit Zucker, Salz und Kümmel aufkochen lassen und über die noch warmen Roten Beten gießen. Apfelessig und die Hälfte des Meerrettichs zugeben und sanft durchmischen. Am besten über Nacht kühl ziehen lassen. Vor dem Servieren mit dem restlichen Meerrettich bestreuen. Den Salat nie zu kalt servieren.

Tipp

Der Salat lässt sich auch gut in Einmachgläser füllen und so länger haltbar machen. Hierfür sollten die Beten aber nicht zu weich gekocht werden.

Zutaten für 4 Personen

600–800 g	Rote Beten
200 ml	Wasser
150 ml	Apfelessig
1 Prise	Zucker
1 Prise	Salz
1 Prise	Kümmel, ganz
2 EL	Meerrettich, frisch gerieben

Braten & Grillen

vom FASS

Bevor ich Ihnen meine Grillrezepte verrate, möchte ich hier einige Tipps zum Thema etwas ausführlicher darlegen. Sobald der Wetterbericht einen lauen Abend verspricht, sollte der Grillchef darauf bestehen, die Vorbereitungen für ein gelungenes Abendessen sorgfältig planen zu können. Denn eines steht fest: Alles, was schwarz geraten ist, kann krebserregend sein und ist zum Verzehr ungeeignet. Achten Sie daher darauf, dass Sie Ihr Grillgerät rechtzeitig in Betrieb nehmen, um die richtige Temperatur für den Garvorgang bereitzuhalten. Flammen garen nicht, sie verbrennen das Grillgut. Bei richtigem Grillen bleibt der größte Teil des Saftes im Gargut erhalten, die hohen Temperaturen (bis zu 270 °C) an der Oberfläche führen zur Bildung einer Kruste, die beim Grillen über Holzkohle einen guten rauchigen Geschmack hat.
Der neueste Trend und für mich eine echte Bereicherung sind Holz-Räucherchips, die man ca. 2 Stunden vor dem Grillen in Wasser einlegt und während des Grillvorgangs in die Glut gibt. So können Geschmack und Aroma noch besser und kreativer an das Grillgut weitergegeben werden.
Da beim Grillen die Temperatur nur intuitiv kontrollierbar und die Zugabe von Fett und Flüssigkeit nicht möglich ist, eignen sich nicht alle Nahrungsmittel gleich gut für diese Garmethode. Beachten Sie vor allem, dass Fleisch nicht zu mager sein sollte, denn sonst trocknet es aus und schmeckt fade. Wenn Sie Fisch grillen möchten, wählen sie fettreiche und festfleischige Arten, damit das Gargut nicht auf dem Rost zerfällt.
Fleisch und Fisch kann man bereits am Vortag entsprechend marinieren, um die verschiedenen Geschmacksnuancen der Speisen zu betonen und ihnen auch genügend Würze zu verleihen. Vor allem beim indirekten Grillen in einem geschlossenen oder Kugelgrill, in dem die Temperatur zwischen 130 bis 220 °C

Vorsicht vor allem, was zu dunkel gegrillt wurde.

beträgt, ist eine Marinade (oder Brine) anzuraten. Dem Gargut wird damit eine gewisse Menge an zusätzlicher Feuchtigkeit zugeführt, die es saftig hält. Dazu habe ich für Sie zu Beginn der folgenden Kochanleitungen spezielle Rezepte für Marinaden zusammengestellt, die Ihnen einen besonderen Genuss bieten werden.
Um aber den Grillspaß an einem lauen Abend mit lieben Freunden oder im Kreis der Familie so richtig genießen zu können, sollten wohl alle Köche an einem Ort, nämlich rund um das Grillgerät, vereint sein. Denken Sie daran, auch Gemüse zu grillen, so wird sich die Freude am gemeinsamen Zubereiten der Speisen ebenso vervielfachen wie die Gaumenfreuden.
Nicht jedes Gemüse eignet sich zum Grillen. So gehören Möhren, Brokkoli oder Blumenkohl auch vorgekocht nicht auf den Grillrost. Deshalb lassen Sie mich hier einige Tipps für Gemüsesorten geben, deren Eigengeschmack durch das Holzkohlen- bzw. Grillaroma verstärkt und dabei sogar verbessert wird.
Auberginen, Tomaten, Paprika, Pilze, Lauch und Zucchini schneiden Sie am besten in 0,5 bis 1 Zentimeter dicke Spalten und bestreichen sie entweder mit geeigneter Marinade (siehe Seite 106ff) oder mit Olivenöl, Kräuterölen, Sesamöl, Schwarzkümmelöl, Chiliöl, aber auch Knoblauchöl und würzen anschließend mit Salz und Pfeffer aus der Mühle. Je nach Größe und Hitze legt man sie ein bis zwei Minuten auf jeder Seite auf den Grillrost, bis das Fruchtfleisch innen saftig und die Außenhaut knusprig ist. Ich verwende gerne Grilltassen aus Aluminium oder Alufolie, da sie kontrollierter eingesetzt werden können und das Umdrehen viel leichter von der Hand geht, aber auch eine geölte gusseiserne Pfanne lässt sich bestens am Rost oder direkt auf der Glut verwenden. So kann man fast wie am Herd richtig saftige vegetarische Gerichte zaubern.

Im Ganzen gegrillte Tomaten oder mit Kräuterbutter oder marinierten Oliven gefüllte Tomaten, die über der Holzkohlenglut einen ganz speziellen einzigartigen Geschmack bekommen, auch grüne, rote und gelbe Paprikaschoten in daumendicke Streifen geschnitten und auf den Grill gelegt, danach gemischt, mit etwas kalt gepresstem Olivenöl beträufelt, auf einem Teller oder einer schönen Porzellanform serviert, bereichern jeden Grillteller optisch wie geschmacklich.
Maiskolben werden mit viel flüssiger Butter beträufelt und dann auf Alufolie gegrillt, wobei man sie ständig wendet und weiter bepinselt, bis die Körner eine goldbraune Farbe annehmen. Besser funktioniert der Vorgang, wenn die Kolben vorher 10 Minuten in Wasser vorgekocht und anschließend erst gesalzen werden.
Unter den Pilzen eignen sich am besten Austern-, Shiitake- und Steinpilze, Kräuterseitlinge und Champignons zum Grillen. Bestreichen Sie die Köpfe der Pilze vor dem Grillen mit Olivenöl, oder Gewürzölen und Salz, denn so entfalten sie am besten ihr Aroma. Die Pilzkappen werden mit der Unterseite auf den Rost gesetzt und, je nach Größe, entsprechend lange gegrillt. Dann dreht man sie um, beträufelt sie abermals mit Öl und gart sie noch ein paar Minuten weiter. Vor dem Servieren mit Pfeffer aus der Mühle und frisch gehackten Kräutern bestreuen sowie mit einigen Tropfen bestem Öl beträufeln und mit Weißbrot servieren.
Apropos Weißbrot: Mit einfachen Handgriffen kann man auch Baguette oder Weißbrot in ein köstliches Grillgut verwandeln: Schneiden Sie die Brote in regelmäßigen Abständen ein, füllen Sie eine Mischung aus Kräuter- und Knoblauchbutter in die Einschnitte und braten Sie die Stangen in Alufolie gewickelt am Grill rundum knusprig.

Gegrillte Rinderhochrippe

glutenfrei

Zutaten für 4 Personen

4	Rückensteaks, gereift (je 250–350 g)
1 Prise	Salz
	Pfeffer aus der Mühle
	Olivenöl zum Braten
1 Zweig	Rosmarin
1 Zweig	Salbei
12	Cocktailtomaten

Sie benötigen außerdem

Küchengarn

Zubereitung

Das zimmerwarme Fleisch würzen, mit Küchengarn rundum in Form binden und scharf in Olivenöl oder am Holzkohlengrill anbraten. Auf Gitter (mit Tropfblech) legen und bei 200 °C (Umluft) 4–5 Minuten im Ofen garen oder am Grill bei mäßiger Hitze an der Seite ziehen lassen. Danach von der Feuerstelle nehmen und 10 Minuten leicht mit Alufolie abgedeckt ruhen lassen. Nun die Fleischstücke mit Butter und Kräutern in der zuvor verwendeten Pfanne mit den abgezogenen Kirschtomaten braten und gut würzen. Auf heißen Tellern gemeinsam mit den Tomaten anrichten. Eventuell mit Honig-Marinade bepinseln. Zum Schluss mit Meersalz sowie dem Bratenrückstand vollenden.

Tipp

Generell empfehle ich, ausschließlich gut abgelegenes Fleisch (mind. 2 Wochen) zu verwenden. 200–250 g schwere und hohe Filetsteaks bereite ich genauso zu, jedoch ist dabei zu beachten, dass man die Fleischstücke nach dem Anbraten für durchgegarte Steaks 10 Minuten, für medium 5 Minuten und für rare ca. 3 Minuten im Ofen nachgaren lässt.

Fink's Spareribs-Lasur

Zutaten

50 g	Röstzwiebeln
70 ml	Coca-Getränk
½ Glas	Mangochutney
300 g	Ketchup
50 g	Honig
2 Zehen	Knoblauch
1 TL	Kümmel, gemahlen
1 TL	Grillgewürz
40 ml	Dattelessig
1 TL	Dijonsenf
40 ml	Chiliöl
1 EL	Maisstärke
1 EL	Salz

Zubereitung

Alle Zutaten mit einem Stabmixer gut emulgieren. Zu einer eher dickeren Paste verarbeiten und pikant abschmecken.

Tipp

Die Lasur streichen Sie am besten einen Tag vor der Zubereitung auf die Spareribs, Rinderteile oder Spanferkel und lassen die Fleischstücke über Nacht darin ziehen. Die Lasur hält durch die Maisstärke auf dem Grillgut fest und entwickelt während des Grillens einen vielschichtigen Geschmack.

Asiatische Wok- und Grillmarinade

Zutaten

1 Zehe	Knoblauch
1 TL	Zitronengras
40 ml	Ingwer-Sesamöl
20 ml	Limonenöl
1 TL	Currypulver
1 Prise	Meersalz
1 TL	schwarzer Kümmel
1 TL	Sesam, geröstet
40 ml	Sojasoße
1–2 EL	Honig
Saft von 1	Limette

Zubereitung

Den Knoblauch hacken, das Zitronengras fein schneiden und beides mit den restlichen Zutaten gut verrühren.

Tipp

Diese Marinade eignet sich für fast alle Fleischsorten, aber auch für kräftigen Fisch. Das Fleisch entweder vor dem Grillen in der Marinade ziehen lassen oder nach dem Grillen mit einem Pinsel auf das Grillgut streichen. Für Wok-Gerichte vor dem Anrichten über das Gericht geben und kurz durchschwenken.

Balsam-Honig-Marinade

Zubereitung
Alle Zutaten gut miteinander vermischen und je nach Geschmack schärfer oder milder halten.

Tipp
In ein Schraubglas gefüllt, hält diese Marinade mindestens zwei Wochen im Kühlschrank frisch. Zum Marinieren von Rind-, Schweine-, Kalb- oder Lammfleisch. Am besten zum Finalisieren geeignet: Fleisch direkt nach dem Grillen mit Grillmarinade bestreichen oder bepinseln.

Zutaten

80 g	Waldblütenhonig
60 ml	Aceto Balsamico
30 ml	Feige-Chili Essig-Balsam
20 ml	Limonenöl
50 g	Tomatensoße aus der Dose, fein gemixt, oder Ketchup
1 Prise	Räuchersalz
1 TL	Grillmix Gewürzmischung
	Pfeffer aus der Mühle
½ Zehe	Knoblauch, fein gehackt
1 TL	frische Kräuter (Rosmarin und Salbei), fein geschnitten

Kräuter-Marinade
mit grünem Pfeffer

Zubereitung
Pfefferkörner gut abwaschen, abtropfen lassen und ebenso wie die Schalotte fein hacken. Mit den restlichen Zutaten gut vermischen.

Tipp
Nach dem Grillen das Grillgut mit dieser Marinade gut beträufeln. Eignet sich für Kalb- oder Schweinefleisch ebenso wie für Garnelen und kräftigen Meeresfisch.

Zutaten

1 TL	grüner Pfeffer in Lake
1	kleine Schalotte
100 ml	Limonenöl
30 ml	Cognac
10 ml	Wourcester Soße
Saft von ½	Zitrone
1 TL	Zucker
1 Prise	Meersalz
1 EL	frisch gehackte Kräuter (Petersilie, Schnittlauch, Minze, Estragon)

Limonen-Basilikum-Marinade

vegetarisch

Zubereitung

Knoblauch fein hacken, Limetten mit der Mikroreibe feinst abreiben und mit den restlichen Zutaten gut vermischen. Basilikum fein schneiden und erst kurz vor der Verwendung zugeben, da es sonst die frische grüne Farbe verliert.

Tipp

Diese Marinade wird kurz vor dem Anrichten direkt auf das Grillgut geträufelt. Eignet sich am besten für gegrillten Fisch, Hühnerfleisch, Meeresfrüchte (Calamares), aber auch für Gemüse und Nudelsalate.

Grillmarinaden können sehr gut am Vortag zum Grillfest vorbereitet und beliebig kräftig gewürzt werden.

Zutaten

1 Zehe	Knoblauch
Schale von 2	Limetten
40 ml	Limonenöl
40 ml	Basilikumöl
20 ml	Calamansi Essig-Balsam
30 ml	Ginger Ale
Saft von 1	Limette
1 EL	Basilikum
1 Prise	Salz
	brauner Zucker nach Geschmack

Gegrillte Hühnerkeulen
mit Fächerkartoffeln

glutenfrei

Zutaten für 4 Personen

800 g	ausgelöste Hühner-Oberkeulen

Für die Marinade

100 g	Joghurt (3,6 %)
Schale von 1	Zitrone
1 TL	VOM FASS Grillgewürz
2 EL	Rosmarinöl
1 Prise	Meersalz
4	mehlige Kartoffeln, je ca. 250–300 g
	Erdnussöl geröstet

Für die Kräuterbutter

200 g	weiche Butter
1 Hand voll	frische Kräuter (Petersilie, Schnittlauch, Kerbel, Estragon) oder tiefgekühlte 8-Kräutermischung
1 Prise	Meersalz
1 EL	Dijonsenf
2 EL	Limonenöl
1 Schuss	Tabasco
1 Prise	Currypulver

Zubereitung

Für die Marinade alle Zutaten gut vermischen. Die ausgelösten Hühnerkeulen mit der Marinade bestreichen und am besten über Nacht marinieren lassen.

Für die Fächerkartoffeln rohe Kartoffeln waschen und mit einem scharfen Messer in 3 mm starke Fächerscheiben schneiden, aber nicht ganz durchschneiden, damit die Kartoffeln nicht auseinanderfallen. Die Kartoffeln salzen, auf ein beöltes Blech setzen und mit Erdnussöl bepinseln, bei 185 °C (Umluft) ca. 40–45 Minuten backen. Während des Garvorgangs immer wieder mit etwas Erdnussöl bepinseln.

Für die Kräuterbutter alle Zutaten schaumig schlagen und evtl. mit einem Spritzbeutel auf ein Blech setzen und tiefkühlen. So behält Kräuterbutter ihre optimale Form und lässt sich perfekt lagern.

Inzwischen die Hühnerkeulen aus der Marinade nehmen. Marinade leicht abstreifen und am Grill oder in einer Pfanne von beiden Seiten scharf garen.

Die Grillkeulen mit den Fächerkartoffeln auf Teller anrichten, Kräuterbutter anlegen, mit Pyramidensalz würzen und mit frischen Kräutern garnieren.

Gegrillte Wassermelone
mit Pfeffer-Pecorino

vegetarisch

Zutaten für 4 Personen

600 g	Wassermelone kernlos (süß und aromatisch)
1 Hand voll	frische Minze und Basilikum
300 g	Pfeffer-Pecorino
1 Prise	Meersalz
	Pfeffer aus der Mühle
30 ml	Olivenöl
2–3 EL	Dattelessig
	in Olivenöl geröstetes Weißbrot

Zubereitung

Die Wassermelone in daumendicke Stücke (ca. 10 cm Länge) oder in Würfel schneiden.
Melonen vor dem Anbraten mit Küchenpapier abtupfen. In einer beschichteten Pfanne – am besten jedoch direkt auf dem Grill – etwas Olivenöl erhitzen, Melonen darin scharf anbraten und je 3 Stangen auf vorgewärmte Teller setzen. Ziegenkäse dünn hobeln und über die Melonen streuen. Minze und Basilikum in feine Streifen schneiden und die Melonenstücke damit bestreuen. Mit etwas Olivenöl und Dattelessig beträufeln und mit Pyramidensalz und Pfeffer würzen. Mit geröstetem Weißbrot servieren.

Tipp

Diese etwas ausgefallene Melonenkreation harmoniert, wenn man es einmal nicht ganz so vegetarisch bevorzugt, auch hervorragend mit gebratenen Riesengarnelen, Calamares oder Rohschinken.

Gegrillte Essig-Paprikaschoten

vegetarisch, glutenfrei

Zubereitung

Etwas Olivenöl in einem gusseisernen Bräter verteilen. Die Paprikaschoten im Ganzen waschen, trocken tupfen und in den Bräter setzen. Mit Olivenöl bepinseln und mit Meersalz leicht würzen. Kräuter zugeben und bei 190 °C im Backofen (Umluft) 20 Minuten weich schmoren. Während der Garzeit öfters wenden. Sobald die Paprikaschoten weich sind und schwarze Blasen werfen, aus dem Ofen nehmen und abkühlen lassen. Danach die Schoten der Länge nach halbieren, Kerne und Strunk mit einem Küchenmesser entfernen, die halbierten Paprikas in fingerbreite Streifen schneiden und die Haut abziehen. Mit Oliven- und Gewürzöl, Salz, Essig und schwarzem Kümmel marinieren.

Tipp

Die geschmorten Paprikas lassen sich im Olivenöl in ein Schraubglas gefüllt mindestens eine Woche im Kühlschrank aufbewahren.

Zutaten für 4 Personen

3	rote Paprikaschoten
3	gelbe Paprikaschoten
60 ml	Olivenöl
40 ml	Gewürzöl
50 ml	Sherryessig
1 Prise	Meersalz
1 Zweig	Rosmarin
1 Zweig	Zitronenthymian
1 TL	schwarzer Kümmel, ganz

Gegrillte Garnelen
mit Erbsen-Minzcreme

glutenfrei

Zubereitung
Die Erbsen kurz in Salzwasser überkochen lassen und im Mixer mit den restlichen Zutaten fein zerkleinern, evtl. durch ein Sieb streichen, mit Tabasco würzig abschmecken.
Die Garnelen in einer beschichteten Pfanne – am besten jedoch direkt auf dem Grill – in Olivenöl scharf anbraten, Hitze reduzieren, Butter, in Scheiben geschnittenen Knoblauch und Kräuter zugeben. Die Garnelen mit dem Bratensatz immer wieder beträufeln und salzen.
Garnelen und Erbsencreme auf heißen Tellern anrichten und mit der Bratbutter reichlich begießen. Erdnüsse und Sprossen über das Gericht verteilen.

Tipp
Genießen Sie dazu einen frischen und feinfruchtigen Rosé.

Achten sie beim Kauf von Garnelen besonders darauf, Seawater-Qualität aus nachhaltigem Fang zu kaufen. Sie schmecken besser und sind frei von Antibiotika.

Zutaten für 4 Personen

20	Tiger Prawns in Seawater Qualität, geschält mit Schwanzsegment, Größe etwa 8/12
40 ml	Olivenöl oder Gewürzöl zum Braten
2 EL	Butter
1 Zweig	Rosmarin
1 Zweig	Zitronenthymian
1 Prise	Meersalz
4 Zehen	Knoblauch

Für die Erbsen-Minzcreme

200–300 g	Erbsen, frisch oder tiefgekühlt
100–150 g	Crème fraîche
1 TL	Minze, fein geschnitten
1 Prise	Meersalz
4 EL	Limonenöl
	etwas Tabasco

Zum Garnieren

2 EL	Erdnüsse, gehackt und geröstet
1 Hand voll	Zwiebelsprossen

Rinderfiletscheiben
mit Balsam-Butter und Rucola

glutenfrei

Zutaten für 4 Personen

600 g	Rinderfilets (Mittelstück)
2 EL	Erdnuss- oder Rapsöl zum Anbraten
50 g	Butter
50 ml	Star Dattelessig, Star Apfelessig oder Alter Balsamicoessig
1 Bund	Rucola
1 EL	Olivenöl
1 Schuss	Mango-Essig
1 Prise	Meersalz
	Pfeffer aus der Mühle

Zubereitung

Rinderfilets in ca. 1 cm starke Scheiben schneiden und in einer gusseisernen Pfanne in heißem Erdnussöl auf beiden Seiten scharf anbraten. Mit Salz und frisch gemahlenem Pfeffer würzen. Aus der Pfanne heben und warm stellen.

Nun den Bratenrückstand mit Butter aufschäumen lassen und mit Essig-Balsam ablöschen. (Durch den natürlichen Zucker karamellisiert der Essig leicht.)

Rinderfiletscheiben noch einmal kurz in der Pfanne erhitzen auf Tellern anrichten und mit der Balsambutter großzügig beträufeln.

Rucola mit Mango-Essig, Olivenöl und Salz marinieren und auf das Rinderfilet setzen. Mit getoastetem Weißbrot oder cremigem Kartoffelpüree servieren.

Tipp

Perfekt harmoniert dazu ein eleganter Rotwein beispielsweise aus Bordeaux.

Schweinebacken
mit Meerrettich und Salatherzen

Zubereitung
Für die Soße Tomaten fein hacken und mit dem Essig-Balsam einkochen lassen. Bratensaft oder Kalbsfond zugeben und die Soße auf ca. 100 ml einkochen lassen.
Nun die Schweinebacken zugeben und glasieren. Vor dem Anrichten fein geschnittenen Liebstöckel zugeben.
Für den Semmelmeerrettich Weißwein mit Safran und Rindersuppe aufkochen lassen, Semmeln oder Brötchen in 8 mm große Würfel schneiden, zugeben und einkochen lassen. Mit Meerrettich vermengen, würzen und Sahne unterziehen. Die Konsistenz sollte schön stückig und breiig sein! Semmelmeerrettich mittig auf Teller anrichten, Schweinebacken aufsetzen und mit der Soße überziehen. Salatherzen mit Haselnussöl, Apfelessig und Salz marinieren, auf Tellern anrichten und mit dem Meerrettich bestreut servieren.

Tipp
Die Soße dieses Gerichts kann man auch zu gehaltvollem Fisch wie Steinbutt oder Seeteufel verwenden.
Sollten keine Schweinebacken zur Hand sein, so lässt sich das Gericht auch mit Schweinshaxen zubereiten.

Zutaten für 4–6 Personen

10	gepökelte Schweinebacken, gekocht
200 ml	Bratensaft oder Kalbsfond
50 ml	Riserva di Famiglia-Balsamico
1 Zehe	Knoblauch
2 EL	getrocknete Tomaten
	frisches Liebstöckel

Für den Semmelmeerrettich

2	Semmeln oder Brötchen
300 ml	Rindersuppe oder Gemüsebrühe
50 ml	Weißwein
20	Safranfäden
3 EL	Meerrettich, gerissen
1 Prise	weißer Pfeffer
	etwas Muskat, gerieben
40 g	Sahne, geschlagen
20	kleine Salatherzen

Für die Marinade

3 EL	Haselnussöl
2 EL	Apfel Essig-Balsam
1 Prise	Salz

Lammrücken
mit Oliven und Schafkäse

Zutaten für 4 Personen

700 g	Lammrücken, ausgelöst ohne Silberhaut
1 Prise	Salz
	Pfeffer aus der Mühle
2 EL	Olivenöl zum Anbraten
1 Zweig	Zitronenthymian
1 EL	Butter
30 ml	Feigenessig
32	kleine, entkernte Kalamata-Oliven, in Olivenöl ohne Konservierungsmittel eingelegt
2 EL	frische Kräuter, gehackt (Kerbel, Estragon, Petersilie, Salbei)
	geriebene Schale und
Saft ½	Zitrone
10	Kapernblüten, fein gehackt
1 Prise	Meersalz
320 g	milder Schafkäse, schnittfest
	etwas Mehl
2	Eier, aufgeschlagen
100 g	weißer oder gelber Maisgrieß
	Pflanzenöl zum Ausbacken

Zubereitung

Den Lammrücken mit Salz und Pfeffer würzen, in Olivenöl scharf anbraten, auf Gitter setzten und mit Alufolie abgedeckt bei 80 °C (Umluft) im Backofen warm stellen. Steckt man einen Kochlöffel zwischen Ofentür und Ofen, so erreicht man ein ideales Klima zum Warmhalten.

Den Schafkäse in 8 gleichmäßige Stäbchen schneiden, mit Mehl und Ei panieren, in dem weißen Mais wenden und in einer Pfanne mit wenig Pflanzenöl goldgelb ausbacken. Die Käsestücke herausheben, auf einem Teller mit Kückenkrepp abtropfen lassen und im Backrohr gemeinsam mit dem Lammrücken warmstellen.

20 Stk. der Oliven fein hacken, mit Kapernblüten, Zitronenschale, gehackten Kräutern und etwas Zitronensaft vermischen und gut abschmecken.

Den Rücken nochmals in der Pfanne scharf anbraten und mit Zitronenthymian, Butter und Feigenessig glasieren. Nicht zu heiß, da die Butter und der Zucker des Essigs sonst verbrennen und bitter werden können.

Der Länge nach in kleinfingerdicke Streifen schneiden, je zwei Schafkäse Stäbchen auf vorgewärmten Tellern anrichten, die Rückenstreifen anlegen, mit Oliven-Pesto umgrenzen und mit ganzen Oliven verzieren, mit Meersalz bestreuen.

Fisch, Risottos & Co

Heilbutt
in Oliven-Gewürzöl confiert

glutenfrei

Zubereitung
Das Olivenöl mit dem Gewürzöl vermischen, mit Kräutern, den leicht angedrückten Knoblauchzehen und der abgeriebenen Zitronenschale auf ca. 70 °C erhitzen. Die Fischfilets einlegen und ca. 10 Minuten leicht ziehen lassen. Das Olivenöl muss unbedingt während des Garens mit einem Thermometer überwacht und auf Temperatur gehalten werden. Nach 7–10 Minuten sollten die Filets gar sein. Vorsichtig auf Küchenpapier abtropfen lassen und auf heißen Tellern anrichten.
Mit Pyramidensalz bestreuen und eventuell mit Limettensaft beträufeln.

Tipp
Optimal kombiniert man dieses Gericht mit Risotto, Kartoffelpüree oder marinierten Blattsalaten und weißem Baguette.
Anstelle von Heilbutt kann dieses Gericht aber auch mit Zander-, Wolfsbarsch-, Steinbutt- oder Lachsfilets zubereitet werden und achten Sie immer darauf, dass kein Fischeiweiß austritt, denn das ist ein Zeichen dafür, dass der Fisch zu viel gegart wurde.

Zutaten für 4 Personen

600–700g	Heilbuttfilets, in 4–8 Tranchen geteilt
1 Prise	Pyramidensalz
2 Zehen	Knoblauch
2 Zweige	Thymian
2 Zweige	Rosmarin
500 ml	Olivenöl
100 ml	Gewürzöl
Schale von 1	Zitrone

Lachsfilet

mit Auberginen und Basilikum

glutenfrei

Zutaten für 4 Personen

400 g	Lachsfilet-Mittelstücke, kurz geschnitten
1 EL	Korianderkörner, geröstet fein zerstoßen
1 TL	Fischgewürzmischung oder Pfeffer aus der Mühle
4 EL	aromatisches Olivenöl oder Limonenöl
Schale von 1	Zitrone
1 Prise	Pyramidensalz

Für die Auberginen

2	kleine Auberginen
200 ml	Gemüsefond oder Wasser
Saft von 2	Zitronen
1 Prise	Salz
1 Prise	Zucker
40 ml	Olivenöl
1 kl. Bund	Basilikum
	Pflanzenöl zum Frittieren
	Basilikumblätter für Garnitur

Zubereitung

Lachsfilets waschen, mit Küchenpapier trockentupfen. In gleichmäßige Stücke schneiden – die entschuppte Haut auf den Filets belassen und nach dem Garen abziehen. Korianderkörner kurz fettlos rösten, im Mörser zerstoßen, die Zitronenschale fein abreiben, mit dem Pfeffer mischen und die Filets damit bedecken.
Nun 1 ½ Auberginen schälen und in 8 mm große Würfel schneiden. In Olivenöl anschwitzen, mit Gemüsefond und etwas Zitronensaft aufgießen. Bei mittlerer Hitze zugedeckt leicht köcheln lassen, mit Salz und Zucker abschmecken, warmstellen.
Die halbe Aubergine mit einer Aufschnittmaschine der Länge nach in hauchdünne Scheiben schneiden. Vorsichtig in heißes Pflanzenöl einlegen und darin goldbraun frittieren lassen, bis die Scheiben schön knusprig sind. Herausnehmen und auf Küchenpapier trocken legen.
Die Lachsfilets auf einen feuerfesten, mit etwas Olivenöl bestrichenen Teller setzen mit Alufolie gut verschließen und im vorgeheizten 85 °C heißen Ofen ca. 10–15 Minuten glasig pochieren.
Frisch geschnittenes Basilikum zu den Auberginenwürfeln geben, auf vorgewärmte Teller einen Löffel der Auberginenmasse setzen, Lachsfilet aufsetzen und mit Auberginenchips und Basilikumblättern garnieren. Evtl. mit etwas Pyramidensalz bestreuen.

Jakobsmuscheln
mit Bohnen und Spinat

glutenfrei

Zubereitung
Für die Marinade Limettenschale fein abreiben. Limette auspressen und mit Mango Essig-Balsam, Salz, Pfeffer, Limettenschale und Chilipaste verrühren. Olivenöl mit einem Schneebesen unterrühren. Koriandergrün schneiden und zugeben.
Die gekochten weißen Bohnen abtropfen lassen und abgedeckt lauwarm halten. Spinat waschen und trockenschleudern. Spinat und Bohnen vorsichtig mit der Koriander-Vinaigrette mischen.
Jakobsmuscheln trocken tupfen. Räucherspeck von der Schwarte befreien und sehr fein würfeln. Knoblauch in sehr feine Würfel hacken, das Gewürzöl am besten in einer schweren Eisenpfanne erhitzen, Speck und Knoblauch darin bei mittlerer Hitze 3–4 Minuten knusprig braten und herausheben. Noch einmal Gewürzöl stark erhitzen und die Jakobsmuscheln darin auf jeder Seite scharf braten. Jakobsmuscheln mit dem Salat auf Tellern anrichten. Mit Meersalz würzen und den knusprigen Speck darüber verteilen.

Tipp
Krönen Sie dieses Gericht mit einem belebenden, herzhaften Schluck Champagner!

Zutaten für 4 Personen

1	Limette
	etwas Chilipaste
20 ml	Mango Essig-Balsam
1 Prise	Meersalz
	Pfeffer aus der Mühle
40 ml	Olivenöl
1 Hand voll	Koriandergrün
300–400 g	gekochte, große weiße Bohnen
2 Hand voll	junger Blattspinat
12	Jakobsmuscheln (ausgelöst, ohne Rogen)
60 g	würziger, geräucherter Bauchspeck
2 Zehen	Knoblauch
2 EL	Gewürzöl

Wels aus dem Wok

glutenfrei

Zutaten für 4 Personen

400 g	Wels-, Seeteufel- oder Lachsfilets
1 Prise	Meersalz
	Pfeffer aus der Mühle
4 EL	Sesamöl zum Braten
50 g	Maisstärke

Für die Marinade

1 Zehe	Knoblauch
	frische Kräuter (Minze, Koriander, Petersilie)
60 ml	Sojasoße
20 ml	Ingwer-Sesamöl
20 ml	Limonenöl
1 Msp.	Sambal Oelek oder Chilipaste
1 EL	Honig

Für das Röstgemüse

400 g	gemischtes Gemüse (Zuckerschoten, Lauch, Möhren, Sojasprossen, gelbe Rüben, Brokkoli-Röschen, etc.)

Zubereitung

Die Fischfilets würzen, mit Maisstärke mehlieren und auf der Hautseite in Sesamöl leicht anbraten, wenden und fertig braten. Inzwischen für die Marinade den Knoblauch schälen und blättrig schneiden, die Kräuter hacken und mit den restlichen Zutaten gut vermischen.

Das Gemüse dünn und mundgerecht schneiden, in Sesamöl scharf anrösten und mit der Marinade ablöschen, kurz schwenken. Mit den Fischfilets auf Tellern anrichten, mit Zitronensaft beträufeln und mit frischen Kräutern bestreut servieren.

Zu meinen Lieblingsgerichten zählen Pfannengerichte, da sie schonend, schnell und einfach zuzubereiten sind.

Zutaten für 4 Personen

4	frische Bachforellen, filetiert, enthäutet und entgrätet
1 Prise	Meersalz
10	Pfefferkörner
4	Wacholderbeeren
3	Lorbeerblätter
1 Zweig	Dill
1 TL	Korianderkörner, geröstet und grob zerstoßen
250 ml	Apfelessig
2	kleine Zwiebeln
50 g	Möhren
50 g	gelbe Rüben
1 EL	Dijonsenf
1 EL	Kapern

Dazu benötigen Sie

kleine Holzspießchen

Forellen-Rollmops

glutenfrei

Zubereitung

250 ml Wasser mit Pfeffer, Wacholder, Koriander und Lorbeer aufkochen und abkühlen lassen, mit Essig und fein geschnittenem Dill mischen. Zwiebeln schälen und in dünne Ringe schneiden. Forellenfilets mit der Hautseite nach unten auflegen, mit Senf bestreichen. Möhren und Gelbe Rüben in 3 x 40 mm lange Stifte schneiden und gemeinsam mit den Zwiebeln und den Kapern die Filets belegen, zusammenrollen, mit Holzspießchen fixieren und in ein breites Glas schichten.
Rollmöpse mit dem Essigsud begießen, ca. 2 Tage im Kühlschrank durchziehen lassen.

Tipp

Der Fisch ist zwar roh, aber der Essig gart ihn, wodurch der Fisch saftig bleibt und herzhaft pikant schmeckt. Als Vorspeise genauso ein Genuss wie zum Katerfrühstück! So lassen sich auch Saiblinge, Rheinanken, aber auch Heringe gut verarbeiten.

Mediterraner Pesto

vegetarisch, glutenfrei

Zubereitung

Basilikum, Petersilie, Salbei und Rosmarin nur kurz kalt abbrausen und sehr gut trocken tupfen. Kräuter nun zerpflücken oder grob zerschneiden und mit der ebenfalls grob zerschnittenen Knoblauchzehe im Mixer mit Salz und Olivenöl nicht zu fein glatt pürieren. Pinienkerne und Parmesan zugeben, bis ein dickes Püree entstanden ist. Getrocknete Tomaten fein hacken und untermischen.

Den Pesto pikant abschmecken und in Schraubgläser füllen. Die Oberfläche mit etwas Olivenöl beträufeln, so hält der Pesto länger frisch.

Tipp

Ideal lässt sich Pesto in einem großen Steinmörser zubereiten, dann schmeckt es niemals bitter und hat ein viel tieferes Grün.
Generell lassen sich Pestos gut tiefkühlen, hierfür unbedingt vom Glas den Deckel aufschrauben und erst nach dem Frieren wieder aufdrehen.

Zutaten

1 Bund	Basilikum (ohne Stiel, etwa 100 g)
1 Bund	Petersilie (ohne Stiel etwa 60 g)
1 Zweig	Salbei
1 Zweig	Rosmarin
1 Zehe	Knoblauch ohne Keimling, geschält
200–250 ml	Olivenöl
50 g	Pinienkerne, geröstet
30 g	Parmesan oder Pecorino, gerieben
1 TL	Meersalz
40 g	getrocknete Tomaten
	etwas Olivenöl zum Bedecken

Schnelle Crostini

vegetarisch

Zutaten für ca. 20 Brötchen

Für Tomaten-Parmesan-Crostini

2	vollreife Tomaten
1 Prise	Meersalz
2 EL	Olivenöl
1 Zweig	frischer Oregano
2 EL	Parmesan, gerieben
	Pfeffer aus der Mühle
	etwas Tabasco

Für Oliven-Mozzarella-Basilikum-Crostini

200 g	Mozzarella
4	Kalamata- oder Taggiasca-Oliven, entkernt
2 EL	Olivenöl
1 Zweig	Basilikum, frisch geschnitten
1 Prise	Meersalz
	Pfeffer aus der Mühle
2 Stangen	französische Baguettes

Zubereitung

Für die Tomaten-Parmesan-Crostini die Tomaten entkernen, in kleine Würfelchen schneiden und mit den restlichen Zutaten würzig abschmecken.

Für die Oliven-Mozzarella-Basilikum-Crostini die Oliven in feine Spalten schneiden und mit Basilikum, Meersalz, Olivenöl und Pfeffer würzig abschmecken.

Baguettes in gleich dicke Scheiben schneiden (etwa 3 cm), gut toasten. Die Hälfte der Brötchen mit der Tomaten-Parmesan-Mischung in kleinen Häufchen belegen, auf die übrigen Brötchen die Oliven-Basilikum-Mischung auftragen, mit den blättrig geschnittenen Mozzarella-Scheiben belegen. Nun die Brötchen kurz im Backrohr auf Grillstufe gratinieren und noch heiß servieren.

Tipp

Ich empfehle diese Crostini, wenn es wirklich schnell gehen muss, da man im Handumdrehen ein warmes und geschmackvolles Knabbergericht auf den Tisch stellen kann, zu dem ein guter Schluck Prosecco passt.

Hühnerbrust
mit Haselnussrisotto

glutenfrei

Zutaten für 4 Personen

4	Hühnerbrüste mit Haut (je 150 g)
1 Prise	Salz
	Pfeffer aus der Mühle
4	Salbeiblätter
2 EL	Olivenöl (zum Braten)
20 ml	Dattelessig
100 ml	Hühner- oder Gemüsebrühe
1 Zweig	Rosmarin
2 EL	kalte Butter
10	Shiitakepilze

Für den Risotto

150 g	Risottoreis (am besten Vialone Nano)
1 EL	Butter
1	Schalotte
100 ml	trockener Weißwein
300–400 ml	Hühner- oder Gemüsebrühe
1 Prise	Salz
1 Prise	Muskatnuss, gerieben
2 EL	Parmesan
20 ml	Haselnussöl
1 Hand voll	Haselnüsse, geröstet und grob gehackt
	frische Kräuter zum Garnieren

Zubereitung

Die Schalotte schälen, fein hacken und in Butter anschwitzen, Risottoreis zugeben und sautieren. Mit Weißwein auffüllen, gut umrühren, mit ca. 200 ml Brühe aufgießen und 10 Minuten köcheln lassen, anschließend nochmals mit Brühe nachgießen. Der Risottoreis sollte bissfest sein, da er bis zum Servieren „nachzieht". Würzen und mit Parmesan und Haselnussöl binden.

Die Haut von den Brüsten leicht untergreifen (das heißt, mit dem Zeigefinger unter die Haut fahren und diese leicht vom Fleisch lösen), mit je einem Salbeiblatt füllen, glatt streichen und würzen.

Die Hühnerbrüste in Olivenöl zuerst auf der Hautseite gut anbraten, dann wenden und Shiitake-Pilzkappen sowie Rosmarinzweig zugeben und rösten. Die Brüste bei 120 °C (Umluft) warm stellen. Shiitake-Pilze aus der Pfanne heben, den Bratenrückstand mit Brühe ablöschen und auf die Hälfte einkochen lassen. Mit etwas Butter binden, mit Dattelessig pikant abschmecken.

Den Risotto mittig auf Tellern anrichten, die Brüste einmal halbieren, mit den Pilzkappen auflegen, mit Soße beträufeln, mit gehackten Haselnüssen bestreuen und mit frischen Kräutern garniert servieren.

Spinat-Risotto
mit Röstpilzen

vegetarisch, glutenfrei

Zubereitung

Schalotte fein hacken und in Olivenöl anschwitzen. Reis einstreuen, glasig anschwitzen und mit Wein ablöschen. Aufkochen lassen, Temperatur zurückdrehen und den Reis köcheln lassen, bis die Flüssigkeit verdampft ist, dabei nicht zu viel rühren. Nun Hühnerbrühe nach und nach zugießen und Reis unter wiederholtem Umrühren insgesamt ca. 15 Minuten leise köcheln lassen, bis er schön bissfest (al dente) ist.

Nun die Butter und frisch geriebenen Parmesan einrühren und mit Salz, geriebener Muskatnuss und Pfeffer sowie Steinpilzöl abschmecken. Noch kurz zugedeckt ziehen lassen.

Den Blattspinat waschen und putzen, in einer beschichteten Pfanne in Olivenöl scharf anbraten, die Pilze klein zerteilen, ebenso rösten und mit Salz und Pfeffer würzen.

Risotto mit dem Spinat auf Tellern anrichten, Pilze darüber streuen, evtl mit gehobeltem Parmesan bestreuen und mit Steinpilzöl beträufeln.

Tipp

Dieses Risotto-Grundrezept lässt sich durch Zugabe von Trüffelöl oder anderer Gemüsesorten, aber auch etwas Champagner beliebig abwandeln. Zum Verfeinern des Geschmacks können Sie auch etwas süße Sahne am Ende der Garzeit zufügen.

Zutaten für 4–6 Personen

400 g	Risottoreis (Arborio oder Vialone)
1–1,5 l	Hühner- oder Gemüsebrühe
125 ml	trockener Weißwein
1	kleine Schalotte
ca. 50 ml	Olivenöl
50 g	Butter
	Pfeffer aus der Mühle
	Muskatnuss, gerieben
40 g	Parmesan, gerieben
200 g	Blattspinat
200 g	gemischte Pilze
20 ml	Steinpilzöl
1 Prise	Meersalz

Breite Bandnudeln

mit Kürbiskernpesto

vegetarisch

Zutaten für 4 Personen

800 g	frische Bandnudeln (oder 500 g–600 g Trockenteigware)
1–2 Gläser	Kürbiskernpesto (ca. 300 g)
2 EL	Grana oder Parmesan, frisch gerieben
150 g	Rucola

Zubereitung

Die Nudeln in Salzwasser kochen lassen (ca. 2 Minuten), danach abseihen und noch heiß mit Kürbiskernpesto beträufeln oder gut durchschwenken und mit frisch geriebenem Parmesan anrichten. Evtl. noch mit frischen Kräutern oder Rucola vollenden.

Tipp

Wenn Sie Lust auf Rohschinken haben, so legen Sie ein paar dünne Scheiben dekorativ über dieses Nudelgericht. Aber auch Schafkäse, leicht zerbröckelt, passt optimal zu dieser Variante. Bei frischer Pasta verwende ich für eine Portion (als Hauptspeise) ca. 150–200 g und bei getrockneter Pasta ca. 100–120 g.

Ungekochte, frische, selbstgemachte Nudeln kann man auch auf Vorrat tiefkühlen.

Pasta al Limone

vegetarisch

Zubereitung

5 l Salzwasser aufkochen lassen, Spaghettini oder Linguine einlegen und al dente kochen lassen.
Für die Limonensoße die Pinienkerne in einer Pfanne ohne Fett leicht hell rösten. In einem flachen Topf Mascarpone, Crème fraîche, abgeriebene Zitronenschale und Zitronensaft erhitzen und mit Salz, Pfeffer und den beiden Ölsorten abschmecken. Basilikum in feine Streifen geschnitten in die Soße rühren.
Die noch heißen Nudeln aus dem Kochwasser heben, abtropfen lassen, mit etwas Olivenöl vermischen, in tiefen Tellern anrichten und mit der Zitronensoße übergießen. Einfacher ist es, die Pasta direkt in der Soße zu schwenken. Mit gerösteten Pinienkernen bestreut servieren.

Dazu empfehle ich einen klaren und frischen Weißwein.

Zutaten für 4 Personen

500–600 g	Spaghettini oder Linguine
1 Hand voll	Pinienkerne
150 g	Mascarpone
100 g	Crème fraîche
Saft & Schale von 1	Zitrone
	Pfeffer aus der Mühle
1 Prise	Meersalz
20 ml	Chiliöl
20 ml	Limonenöl
	frisches Basilkum oder Rucola

Penne Rigate
mit Zucchini und Tomatensalsa

vegetarisch

Zutaten für 4 Personen

500–600 g	Penne Rigate
1 Prise	Meersalz
1–2	mittelgroße Zucchini
50 ml	Rosmarinöl
2 Zehen	Knoblauch

Für die Tomatensalsa

3	vollreife Tomaten
1 Hand voll	getrocknete Tomaten
1 Hand voll	Basilikum, fein in Streifen geschnitten
50 ml	Olivenöl
20 ml	alter, spanischer Weinessig
1 Prise	Meersalz
1 Prise	Zucker
	Pfeffer aus der Mühle
	Gehobelter Grana oder Parmesan zum Bestreuen

Zubereitung

Getrocknete Tomaten am Vortag über Nacht in Wasser einlegen.
Penne in mindestens 3–4 l Salzwasser bissfest kochen lassen, kalt abschrecken, am besten aber genau al dente zubereiten, sodass sie noch heiß zu den Zucchini in den Topf kommen können.
Für die Tomatensalsa die frischen Tomaten blanchieren, enthäuten, halbieren, entkernen, den Strunk entfernen und in 5 mm große Würfelchen schneiden. Getrocknete Tomaten abseihen und gut ausdrücken. Nun ebenso in 5 mm große Würfelchen schneiden, mit den frischen Tomaten und den restlichen Zutaten vermischen und pikant abschmecken.
Zucchini waschen, abtropfen lassen, Stielansätze entfernen und in 4 mm große Würfelchen schneiden.
In einem breiten Topf Rosmarinöl erhitzen, Knoblauch fein hacken und hell andünsten. Nun die Zucchiniwürfel zugeben, würzen und kurz leicht mitdünsten. Nun die Penne zugeben, gut erhitzen und evtl. nachwürzen.
Die Nudeln in tiefen, heißen Tellern anrichten und mit Grana oder Parmesan bestreuen. Die Tomatensalsa separat dazu reichen, damit jeder Gast nach Geschmack die Menge selbst entscheiden kann.

Solo-Spargel
mit Zitrus-Buttersoße

vegetarisch, glutenfrei

Zubereitung
Schalotte fein hacken und mit Weißwein, Orangensaft, Calamansi Essig-Balsam auf die Hälfte einkochen lassen. Eigelb mit dieser Reduktion über Wasserdampf schaumig aufschlagen und mit Butter und Limonenöl richtig gut weiter schlagen. Mit Chiliöl und Salz würzen und warmstellen.
Spargel schälen, die holzigen Teile wegschneiden. Einen großen breiten Topf mit ca. 5 l Wasser füllen, aufkochen lassen, Zucker, Butter und Zitronensaft zugeben. Nun die Spargelstangen einlegen und zugedeckt einmal aufkochen lassen. Vom Herd nehmen und weitere 5–7 Minuten ziehen lassen. So gart der Spargel gleichmäßig und schonend.
Den Spargel auf heiße Teller setzen und mit Zitrus-Buttersoße sowie mit frischen Kräutern bestreut servieren.

Tipp
Dazu kombinieren Sie am besten einen eleganten Weißwein, z.B. einen gereiften Veltliner.

Zutaten für 4 Personen

24 Stangen	Spargel, ca. 22–24 mm Durchmesser (Solo-Qualität)
2 EL	Kristallzucker
2 EL	Butter
Saft von 1	Zitrone
2 Hand voll	Meersalz

Für die Zitrus-Buttersoße

1	Schalotte
100 ml	Weißwein
50 ml	Orangensaft
20 ml	Calamansi Essig-Balsam
1	Eigelb oder 1 ganzes Ei
100–150 ml	braune oder geklärte Butter
50 ml	Limonenöl
10 ml	Chilliöl
1 Prise	Meersalz
	evtl. frische, gehackte Kräuter zum Garnieren

Die süßen Seiten

Mousse au chocolat blanc
mit Kürbiskernöl

vegetarisch, glutenfrei

Zutaten für 6 Personen

2 Blätter	Gelatine
150 g	weiße Schokolade
1	Eigelb
1	Ei
50 g	Steirisches Kürbiskernöl
350 g	Schlagsahne
1	Eigelb
1	Ei
4 cl	Orangenlikör
3 cl	weißer Rum

Zubereitung

Gelatineblätter in kaltem Wasser einweichen. Schokolade im Wasserbad schmelzen. Ei, Eigelb und Kürbiskernöl unter die Schokolade rühren (lippenwarm). Nun Gelatine ausdrücken, im Wasserbad auf mind. 50 °C erhitzen und in die Schokomasse einrühren. Orangenlikör und weißen Rum untermengen. Halbsteif geschlagene Sahne unter die nicht zu warme Schokomasse ziehen. In passendes Geschirr (Schüssel oder Wanne) füllen und im Kühlschrank einige Stunden kühlstellen.

Zum Servieren Löffel oder Eisportionierer in heißes Wasser tauchen und damit Halbkugeln oder Nocken ausstechen. Auf gekühlten Tellern anrichten, beliebig garnieren.

Tipp

Diese Mousse verwende ich am liebsten zur Herstellung einer Tiramisu-Variante. Hierfür schichte ich die Mousse mit in Mokka getränkten Biskotten und stelle das Tiramisu für 4 Stunden kalt. Eventuell mit frischen Beeren und gehackten, gerösteten Kürbiskernen servieren.

Bourbonvanilleeis
mit Steirischem Kürbiskernöl

vegetarisch, glutenfrei

Zubereitung
Eisgläser gut vorkühlen.
Für das Vanilleeis Milch mit Glucose, Vanilleschoten, Salz und Sahne aufkochen lassen. Ganze Eier und Eigelbe schaumig schlagen, den Zucker zügig einrühren. Masse erhitzen, bis sie leicht bindet. (Wenn man leicht auf den Kochlöffel bläst, sollte sie sich wie eine Rose kringeln.) Rum zugeben, passieren und in einer Eismaschine gefrieren. Ersatzweise in eine flache Metallschüssel füllen, in den Tiefkühler stellen und zwischendurch mehrmals mit dem Schneebesen umrühren, bis man eine cremige Eismasse erhält.
Je drei Eiskugeln oder Nocken in die Eisgläser geben, mit Kürbiskernöl beträufeln.

Tipp
Krönen Sie diesen Nachtisch mit einem edlen Muscat!

Zutaten für ca. 20 Kugeln

1 l	Milch
1 EL	Glucose (Zuckersirup, erhältlich in der Apotheke)
2	Bourbonvanilleschoten
1 Prise	Salz
500 ml	süße Sahne
10	Eigelbe
4	Eier
150 g	Kristallzucker
4 cl	Rum
	Steirisches Kürbiskernöl nach Geschmack

Exotischer Fruchtsalat
mit Pistazienöl

vegetarisch, glutenfrei

Zutaten für 4 Personen

400 g	gemischte Früchte (Mango, Ananas, Kiwi, Litschis, Bananen, Melonen, Granatapfelkerne)
2 EL	brauner Rohrzucker
Saft von 1	Orange
30 ml	Rum (80 %)
1 EL	frische Minzeblätter, in Streifen geschnitten
20 ml	Pistazienöl
2 EL	Pistazienkerne, gehackt

Zubereitung

Die Früchte in gefällige Stücke schneiden. In einer beschichteten Pfanne den Zucker hell schmelzen, mit Orangensaft ablöschen und fast ganz einkochen lassen. Früchte zugeben, kurz durchschwenken, mit Rum flambieren.

Nun die Früchte mit Hilfe von Metallringen (15 cm Durchmesser) auf Tellern anrichten, mit Minzestreifen und Pistazienkernen bestreuen, mit dem Pistazienöl beträufeln und noch warm – evtl. mit Vanilleeis – servieren.

Das Wichtigste beim Filetieren von Früchten sind ein scharfes, dünnes Messer sowie richtig gereifte Früchte.

Süßer Nusspesto

glutenfrei

Zutaten

100 g	Walnüsse
50 g	Haselnüsse
20 g	Pinienkerne
10 ml	Feigenessig
40 ml	Orangenöl
150 ml	Walnussöl
1 Prise	Meersalz
	Pfeffer aus der Mühle
2 EL	Honig
1 Prise	Zimt
1 Prise	Kardamom
1 Prise	Muskatnuss
1 EL	frisch gehackte Kräuter (Minze, Melisse, Basilikum)

Zubereitung

Die Walnüsse im Backofen bei 180 °C (Umluft) leicht rösten, erkalten lassen, fein reiben (am besten in einem Zerkleinerer), danach die restlichen Zutaten mit einem Schneebesen einrühren.

Tipp

Der Pesto sollte schön cremig sein, sollte er zu dick geraten sein, einfach etwas mehr Walnussöl zugeben. Diesen Pesto serviere ich am liebsten zu Eis, Knödeln aus Frischkäse oder zu jungem Käse.

Luftiger Kuchen
mit feinstem Ölgemisch

vegetarisch

Zubereitung
Mehl und Backpulver vermischen.
Eier mit Kristallzucker, Salz, der fein abgeriebenen Zitronenschale und Vanillezucker schaumig schlagen.
Raps- und Nussöl mischen und unter ständigem Rühren in die Eier-Zucker-Mischung langsam einlaufen lassen. Abwechselnd Mehl und Flüssigkeit unterheben und die Masse in eine Form füllen.
Im vorgeheizten Backofen (Ober- und Unterhitze) bei 170 °C backen. Da der Kuchen in verschiedenen Formen wie Gugelhupf- oder Kastenformen, aber auch auf dem Blech zubereitet werden kann, entstehen unterschiedliche Backzeiten. Mit einem Holzspieß testen, ob der Kuchen fertig ist. Wenn beim Anstechen keine Teigreste auf dem Spieß mehr zu sehen sind, ist der Kuchen fertig.
Anschließend in der Form kurz auskühlen lassen und dann erst stürzen. Nach Belieben weiter verarbeiten.

Tipp
Sie können auch fein geriebene Nüsse untermischen, dabei aber die Ölmenge entsprechend reduzieren. Wenn Sie das Mehl nicht zu stark einrühren, sondern mit einem Gummispatel vorsichtig unterheben, wird der Teig noch leichter und luftiger.

Zutaten

260 g	Mehl
1 TL	Backpulver
4	Eier
220 g	Feinkristallzucker
1 Prise	Salz
1 TL	Vanillezucker
Schale von 1	Zitrone
180 g	Rapsöl
180 g	Haselnuss-, Walnuss-, Mandel- oder Aprikosenöl
200 g	Joghurt oder Milch

Schokoladetörtchen

mit Honig-Oliven-Gelee

vegetarisch, glutenfrei

Zubereitung

Für die Schokotörtchen Gelatine in kaltem Wasser einweichen. Milch und Sahne erwärmen. Schokolade fein hacken und im Milch-Sahnegemisch schmelzen lassen. Einmal kurz aufkochen lassen, vom Herd nehmen, Gelatine ausdrücken und in der heißen Flüssigkeit auflösen.

4 Metallringe (10 cm Durchmesser) mit Öl bepinseln, damit die Klarsichtfolie besser hält, leicht erkaltete Schokomasse einfüllen und über Nacht kaltstellen.

Für das Brombeermark die Früchte, Zucker und Cassis-Essig in 50 ml Wasser einmal kurz aufkochen lassen und ein paar Minuten schwach kochen lassen. Durch ein feines Sieb streichen und bei schwacher Hitze unter Rühren sirupartig einkochen lassen, kaltstellen.

Für das Gelee die Gelatine in kaltem Wasser einweichen. Honig erwärmen, beide Ölsorten einrühren. Gelatine ausdrücken und vorsichtig im warmen Honig auflösen. Das Gelee in kleine Schälchen füllen und kaltstellen.

Schokotörtchen mit der Folie aus der Form stürzen, die Folie entfernen. Gelee auf Tellern kreisrund verteilen und auf die Geleespiegel setzen. Teller mit etwas Brombeermark beträufeln, die Törtchen mit Kakao bestreuen, mit frischen Brombeeren belegen und mit Minze garnieren.

Zutaten für 4 Personen

200 ml Milch
80 ml Schlagsahne
160 g Bitterschokolade (60 %)
4 Blatt Gelatine

Für das Brombeermark

300 g Brombeeren (schöne Früchte zum Garnieren beiseite legen)
20 ml Cassis-Essig
50 g Zucker

Für das Honig-Olivenöl-Gelee

1 Blatt weiße Gelatine
130 g heller, flüssiger Honig
4 EL Olivenöl
2 EL Limonenöl
etwas Kakaopulver zum Bestreuen
etwas Öl zum Bepinseln
Minzeblätter zum Garnieren

Sie benötigen außerdem

Klarsichtfolie

Gebratene Ananas

vegetarisch, glutenfrei

Zutaten für 4–6 Personen

1	vollreife Ananas
1 EL	frischer Rosmarin, geschnitten
30 ml	Agora Olivenöl
3 EL	brauner Rohrzucker
2 EL	Pinienkerne, geröstet

Zubereitung

Die Ananas schälen, den harten Strunk in der Mitte stehen lassen und rundum das Fruchtfleisch abschneiden. Diese Scheiben in 1 cm breite Stücke teilen.

Olivenöl in der Pfanne erhitzen und die Ananas-Stücke darin braten. Wenn die Ananas leicht bräunlich wird, Rosmarin dazugeben und durchmischen. Nun den braunen Zucker einlaufen lassen und in der Pfanne mitkaramellisieren. Auf vorgewärmten Tellern anrichten und mit Pinienkernen bestreut servieren.

Tipp

Am besten passt Zitroneneis oder halbsteif geschlagene Sahne zu diesem Dessert.

Knuspriger Kirschsalat
mit Weintrauben

vegetarisch, glutenfrei

Zubereitung

Das Hefebrot in 2 cm große Würfel schneiden.
Für die Marinade Zucker, Essig und Olivenöl mit Basilikum und Trauben- oder Kirschsaft fein mixen, gut abschmecken. Kirschen waschen und entsteinen, Trauben halbieren und entkernen.
Die Hefebrotwürfel in Butter anrösten, mit Zucker bestreuen.
Nun die Kirschen und Trauben mit der Marinade vermischen und mit den Brotwürfeln auf Tellern anrichten. Mit Basilikum garnieren und evtl mit etwas süßer Sahne servieren.

Dazu passt ein feines Glas Cremant, am besten ein Rosé.

Zutaten für 4 Personen

300 g	Herzkirschen
150 g	weiße Weintrauben
150 g	blaue Weintrauben
250 g	süßes Hefebrot
3 EL	Butter zum Anrösten
1 EL	Puderzucker zum Bestreuen

Für die Marinade

4 EL	brauner Rohrzucker oder Honig
10 ml	Kirschessig
20 ml	Olivenöl
1 Zweig	Basilikum
1 Schuss	Trauben- oder Kirschsaft nach Geschmack

Zitronen-Pannacotta
mit Feigen

vegetarisch

Zutaten für 4 Personen

2	Zitronen, unbehandelt
150 g	Schlagsahne
250 g	Qimiq
250 g	Joghurt (3,6 %)
60 g	Puderzucker
1	Brioche

Für die Feigen

1 Schote	Bourbonvanille
1	Zimtstange
1 EL	brauner Zucker
70 ml	Olivenöl
5–6	reife, aromatische Feigen
1 Schuss	Feigenessig

Zubereitung

Zitronen waschen und trockenreiben. Die Schale fein abreiben, den Saft auspressen und beides mit leicht erwärmtem Qimiq glattrühren. Nun Joghurt und Zucker untermischen, geschlagene Schlagsahne unterheben und gut abschmecken.

Die Zitronen-Pannacotta in 4 kalt ausgespülte Portionsförmchen oder Gläser (à 150 ml Inhalt) füllen. Abkühlen lassen und 2 Stunden kaltstellen.

Die Brioche in ½ cm dicke Scheiben schneiden. Puderzucker in eine gusseiserne Pfanne sieben, sodass der Topfboden gleichmäßig bedeckt ist. Den Topf erhitzen. Leicht karamellisieren, die Briochescheiben darauf verteilen. Sobald sie Farbe angenommen haben, die Scheiben wenden und mit einer Spachtel aus dem Topf heben, auf einem Gitter abkühlen lassen.

Für die Feigen die Vanilleschote längs halbieren und das Mark herauskratzen. Vanillemark und Schote, Zimt und Rohrzucker mit dem Olivenöl leicht erwärmen. Vom Herd nehmen und abkühlen lassen. 2 Stunden ziehen lassen. Feigen in Scheiben scheiden, kurz im Olivenölgemisch erwärmen, auf Tellern verteilen und mit dem Olivenöl beträufeln. Pannacotta aus den Förmchen stürzen und zu den Feigen geben. Mit den karamellisierten Briochescheiben dekorieren, mit Feigenessig leicht beträufeln und servieren.

Register

Meisterkoch Hans Peter Fink demonstriert, dass die würzige Schärfe des Krens auch am anspruchsvolleren Gaumen alle Stücke spielt: von klassischen Beilagen bis zu köstlichen Hauptgerichten, von Aufstrichen, Suppen, Vorspeisen, Soßen und Salaten bis zu pikanten Snacks, knackigem Fingerfood und ungewöhnlichen Dessert-Ideen wird das Krenkochbuch zum unentbehrlichen Begleiter für den modernen Hobbykoch.

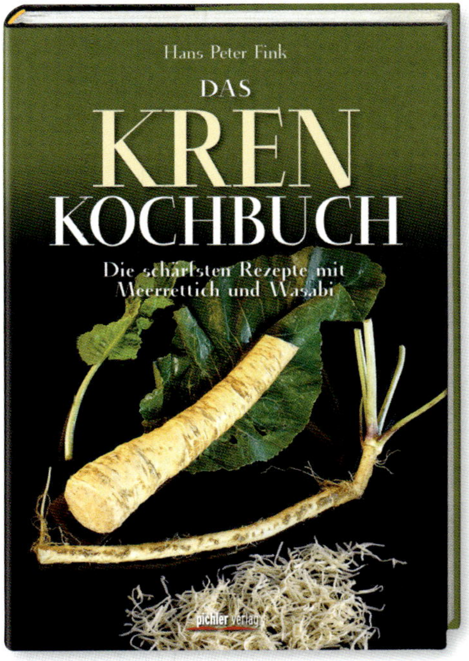

Hans Peter Fink
DAS KRENKOCHBUCH
Die schärfsten Rezepte mit Meerrettich und Wasabi
Mit Fotos von Kurt-Michael Westermann

168 Seiten, 17 x 24 cm
Hardcover mit SU, durchgehend Farbe

€ 19,95 · ISBN: 978-3-85431-530-8

pichler verlag

Wer Lust aufs Experimentieren hat, wer seinen Gaumen überraschen möchte und wer die Zufriedenheit und den Stolz spüren möchte, vor einem gefüllten Vorratsschrank zu stehen, der liegt mit diesem Buch genau richtig, denn es verbindet altes Wissen um Konservierungsmethoden und die Techniken rund ums Einmachen und Einlegen perfekt mit der Küchenpraxis von heute.

Alison Walker
AUS FREUDE AM LANDLEBEN
Genussrezepte für die Vorratskammer

192 Seiten, 21 x 27 cm
Hardcover mit SU, durchgehend Farbe

€ 29,99 · ISBN: 978-3-99011-044-7

edition styria

Impressum

ISBN: 978-3-99011-048-5

Bücher aus der Verlagsgruppe Styria
gibt es in jeder Buchhandlung und im Online-Shop

styriabooks.at

Bildnachweis:
Alle Fotos von Kurt-Michael Westermann ausgenommen:
Deviantart.com: S. 20; Fotolia: S. 17 (mahey), 20 (gandolf), 21 (ThKatz); picturedesk.com: S. 12 (CCI / Science Photo Library), 13 (Juan Manuel Castro Prieto / Agence Vu), 14 (F1Online); StockFood (Doris Poklekowski): S. 19; Bildarchiv der VOM FASS AG: S. 10, 16, 27

Lektorat und Herstellung:
Marion Mauthe
Covergestaltung:
Bruno Wegscheider
Buchgestaltung und Reproduktion:
Lithotronic Media GmbH & Co KG
Druck und Bindung:
Druckerei Theiss GmbH.
St. Stefan im Lavanttal

Printed in Austria